运输经济学与公路运输组织学研究

龚国权　赵　刚　刘亚楠　编著

吉林科学技术出版社

图书在版编目（CIP）数据

运输经济学与公路运输组织学研究 / 龚国权，赵刚，刘亚楠编著 . -- 长春 : 吉林科学技术出版社，2023.3
ISBN 978-7-5744-0213-3

Ⅰ．①运… Ⅱ．①龚… ②赵… ③刘… Ⅲ．①运输经济学—研究②公路运输—交通运输管理—研究 Ⅳ．① F50 ② U491

中国国家版本馆 CIP 数据核字 (2023) 第 064531 号

运输经济学与公路运输组织学研究

编　　著	龚国权　赵　刚　刘亚楠
出 版 人	宛　霞
责任编辑	李　超
封面设计	树人教育
制　　版	树人教育
幅面尺寸	185mm×260mm
开　　本	16
字　　数	220 千字
印　　张	10
版　　次	2023 年 3 月第 1 版
印　　次	2023 年 3 月第 1 次印刷
出　　版	吉林科学技术出版社
发　　行	吉林科学技术出版社
地　　址	长春市南关区福祉大路 5788 号出版大厦 A 座
邮　　编	130118

发行部电话／传真　0431—81629529　　81629530　　81629531
　　　　　　　　　　81629532　　81629533　　81629534

储运部电话　0431—86059116

编辑部电话　0431—81629520

印　　刷	廊坊市广阳区九洲印刷厂
书　　号	ISBN 978-7-5744-0213-3
定　　价	70.00 元

编委会

主　编

龚国权　山东省济南市济阳区城乡交通运输局

赵　刚　滕州市政务服务中心

刘亚楠　山东省山东高速潍坊发展有限公司

副主编

高大容　山东省济宁市任城区交通运输局

关长忠　山东省济南市平阴县交通运输局

何青友　窑街煤电集团有限公司铁路运输公司

李常亮　日照钢铁控股集团有限公司

宋明君　烟台市龙口公路建设养护中心

殷海鑫　窑街煤电集团有限公司铁路运输公司

张　锋　济南市交通运输综合行政执法支队

张长峰　窑街煤电集团公司铁路运输公司

前　言

　　运输组织是运输生产的重要内容。运输组织能有效协调运输能力与运量的平衡；能统筹安排，有效保证运输生产中的协作；有效克服运输体系内的薄弱环节，提高整个运输系统运转的灵活性、高效性。运输组织学是系统研究运输组织的理论、形式、方法、手段，实现运输生产要素的最优结合和各环节、各工序的紧密配合，对科学合理地组织运输生产，提高运输生产效率与效益具有重要的意义。21世纪以来，我国的铁路、公路、水运和民航等运输方式均得到较快发展。运输工具技术水平不断提高，运输服务质量全面提升，运输服务通达性显著增强，信息化、智能化技术广泛应用，这对运输组织的手段、方法提出了更高的要求。本书正是在这种背景下，为适应运输业发展、工程教育发展新的变化和需要进行的编写。

　　本书力图推动运输经济学逐渐从以经验知识的传授为主转向以系统化的理论分析为主；从对具体工作的描述转向超前的运输政策研究；从只对问题进行分割或片断的讨论转向形成完整的运输经济思想和逻辑体系。

　　基于此，本书编写的目的，主要是想让读者了解运输经济问题的基本特点及其与一般经济理论的联系，了解运输市场内各种基本组成要素以及运输市场的基本结构和主要运行方式，了解运输经济活动所涉及的使用者、运输业者和应该代表一般公众利益的政府这三个主要方面的地位和相互联系，了解运输政策所要调整的主要关系以及制定正确运输政策的重要性。本书的主要内容以微观经济学基本原理的分析和描述为基础，同时引入了新制度经济学、产权理论、博弈论等相关领域的基本思想，但更关注一些具体的运输经济问题，特别是中国新时期的运输经济问题。

目 录

第 一 章　运输需求与供给

第一节　运输需求

运输需求是人类社会生活最基本的需求之一。因为自然资源分布不均衡，任何地区都不可能提供当地居民所需要的全部物品，不同地区之间需要通过运输互通有无；物质生产既需要从各地获得多样化的原材料，又需要把产品运往各地销售；人们从居住地点到工作、购物、休闲地点之间的往返活动，是人类现代生活方式不可缺少的运输经营组成部分；还有不同地区之间的文化交流、对经济不发达地区的开发等也都需要运输。运输需求是运输供给和运输经营的基本依据，也是对运输活动进行经济分析的前提。因此，运输需求是运输经济学研究的重要内容之一。

一、运输需求及其特征

运输需求不是本源性的社会需求，而是由社会经济中的其他活动派生出来的一种需求。运输与经济发展的关系表明，运输需求是整个经济发展的内在需要，是经济发展水平、经济结构以及市场经济形态等关系的综合需要；运输需求量是由经济发展的规模、速度及其他相应的产业结构、生产力及资源分布，加上建立市场经济体系等诸多宏观因素变量所决定的。因此，运输需求的宏观层次，主要是降低运输成本的需要。

微观层次的运输需求主要是在运输资源既定的前提条件下，工业经济活动的货运需要和人员进行经济或社会活动的施行需要。从这个层次看，运输企业提供的产品与经济学中一般企业提供的产品具有相同的地方，即运输企业要根据运输需求市场决定其产品的供给数量与质量。但由于运输产品（位移）的时间特性及位移的主体是货物和人员等，使其需求与供给关系不能简单的运用普通经济学中的供需理论。比如，由于时间特性，决定其需求量不仅与整个经济发展水平、价格、收入水平等有关，而且与时间也有关，即一年中的不同时期明显的呈现出不同的需求量。由于涉及人的位移，运输企业的服务质量及运输安全等就成为了重要的供给变量。

将运输需求进行上述宏观、微观两个层次的划分，有利于区分不同的供给主体，从而更有利于运输的供给主体与运营主体的划分。

运输需求一方面综合反映了国家政治、经济、文化和人民生活的全貌以及水平，另一方面也是一个国家市场经济发达程度的重要标志。第一,货运需求和客运需求是随着工农业生产的发展和商品交换的扩大、社会文化和人民生活水平的提高而不断增长,因而货运需求量和客运需求量的变动,一般可反映出一个国家经济的发展和人民生活水平的提高。第二,货运需求和客运需求的流向要求(货运流向要求反映了市场的走向,反映出各种物资从哪里来、流向哪里;客运流向要求反映了客流动向,反映出旅客从何处来向何处去)反映了地区间经济、文化和居民的联系。第三,各类货物运输需求的构成,反映出劳动密集型产业、资金密集型产业和技术密集型产业的构成及其处在整个国民经济中的比例。研究运输需求,主要是为了研究运输供给及如何按运输市场的需求来提供运输服务以满足运输需求。如果不能提供安全、充足、优质的运输服务,那么就不能适应国民经济和人民生活对运输业的要求,就要影响和制约国民经济的发展、影响人民生活水平的提高。因此在进行运输经济学的讨论时,首先要对运输需求进行研究,研究它的性质、特征以及发展变化规律。

(一)运输需求概念

运输需求就是运输市场需要,即货主或旅客向运输供给部门提出的希望实现货物或旅客位移的要求。有效的运输需求一般应具备两个条件:第一,有购买运输服务的欲望;第二,有购买能力。二者缺少其中任一条件,就不是有效运输需求。但对于第二个条件,从社会利益出发,有时却又是有弹性的,因为有效运输需求并不总是等于运输需要。有些运输需要被认为是非常有价值的甚至可以通过公共预算来满足的。因为运输被看成会对人们生活质量产生重大影响的因素,人们有权享受这种最基本的服务,所以运输部门应该保证这种基本的供给。

运输需求包括以下几个方面的内容:

1. 运输需求量

运输需求量常以货运量(吨)和客运量(人)来表示,用以说明货运需求和客运需求的多少,用周转量(吨千米、人千米)表示为满足运输需求所完成的运输工作量的大小。

2. 流向

流向即货物与旅客在空间位置转移的地理走向,表明货物从何处来到何处去,同时表明了地域间经济和居民的运输联系。

3. 运输距离

运输距离是指货物或旅客在空间上位置转移的始终点之间的距离,是反映运输工作量的一个重要指标。

4. 运输构成

运输构成是指各类货物运输需求和旅客运输需求占总需求量的比重,还指货物运输需求和旅客运输需求中不同需求所占的比例。

5. 起运时间和运达时间

起运时间和运达时间表明满足运输需求所需的时间,包括运输服务开始的时间和完成的时间。

（二）运输需求类型

就旅客运输和货物运输的整体来看，对旅客运输和货物运输的总体要求是由性质不同和具体要求不同的个别运输需求构成的。这些个别运输需求由于每个旅客和每批货物的自身原因而有着各种各样的特点：有的货物要有严格的运输质量，以确保货物运输的安全（如危险品运输）；有的货物要求运输费用低廉，否则从甲地运到乙地就不合算（如煤炭、木材、矿石的运输）；有的货物在运输时间上要求很高，要求快速运输（如易腐货物）。所以掌握和了解各个类别运输需求的差异，是提高运输质量、搞好运输服务的重要条件。

个别运输需求主要存在如下几方面的差异：

1. 运输质量和运输工艺要求不同

承运的货物由于在重量、体积、形状、包装等方面各有特点，因而对运输质量的要求不同，在运输过程中也必须采取不同的技术措施，才能确保承运货物的完好无损。例如，冷藏货物必须保持在特定的温度下才能进行长途运输，因此运输时必须有制冷设备；危险品具有燃烧、爆炸、有毒、腐蚀和放射等性质，在运输过程中若操作不当则可能引起人身伤亡、财产毁损，因此必须采取严格的安全措施等。

不同货物不但在运输质量上要求不同，而且在运输工艺上要求也不同。石油、天然气等液体、气体货物，适合于罐装运输或管道运输，则必须有相应的工艺设备；用火车运输就要求有油罐车或压缩天然气罐，船舶运输要有油轮。煤炭、矿石等货物适合采用散装运输，它的装卸往往也需要有特定的工艺。

2. 运输方向、运输距离的要求不同

人们工作和居住的地点与亲友居住的地点不同、工作单位与有关联的单位地点不同，因而导致出行的方向和距离不同、旅客对乘坐的交通工具、对运输的要求也不同，从而给运输部门提出了多种要求。货物运输需求也一样，因为运输消费者分散在不同的地方，随着生产企业主要生产地点的变化、产品供求关系的变化，产品运输的起点和终点也不断变化，导致货物的流向和运距经常发生变动。

3. 运输时间的需求不同

人们的出行不是连续不断的，是在有事的情况下才出行，而且常常必须在一定的时间内结束出行。因此，由于个别旅客出行时间、地点千变万化，所以在运输时间上呈现出错综复杂的情况。在货物运输方面，有的商品生产是连续的，而消费却有的常年进行、有的在特定的时间里进行；有的商品则是在特定的时间里生产的，而消费却是全年均衡的。因此，个别货物需求也呈现出错综复杂的情况，不论是经常性消费还是特定时间消费，都要求及时将货物运到消费地。

（三）运输需求特征

运输需求有自己的独特性，充分认识这些特征，才能准确地分析运输经济活动。

1. 派生性

（1）派生需求的概念

在经济活动过程中，特别是在商品交换过程中，存在着多种多样的商品和劳务需求。它们之间的关系并不是杂乱无章的，而是存在着一定的依存关系，并相互关联。往往一种商品和劳务的需求，会派生于另一种或几种商品或劳务的需求，而后一种或几种商品和劳务的需求又派生于别的商品或劳务的需求，如此则形成商品和劳务的需求链相互依存，相互关联，从而决定了国民经济必须按比例发展。

在经济活动中，假如一种商品或劳务的需求是由另一种或几种商品或劳务需求派生出来的，则称该商品或劳务的需求为派生性需求，而称后一种或几种商品或劳务需求为本源性需求。例如，对红砖的需求派生于建筑的需求；对铁矿石的需求派生于钢铁冶炼的需求；对钢铁的需求派生于机器制造业和建筑业的需求等。习惯上人们称红砖、铁矿石、钢铁是派生性需求，而建筑、机器制造业为本源性需求。也就是说，红砖的数量、质量、规格是由建筑物的需要决定的；铁矿石的数量、品质、供应是由钢铁冶炼的需要决定的；钢材、生铁的品质、规格、型号是由机器制造业和建筑业的需要决定的。

（2）货物运输需求是派生性需求

货物运输需求是一种派生性需求，是由社会经济活动的需求派生出来的，因为货主或旅客提出位移要求的目的并不是位移本身，而是为实现生产或生活的目的，完成空间的位移也只是其实现真正目的的一个必不可少的环节。所以，相对运输需求而言，社会经济活动是本源需求，运输需求是派生需求。因此，研究运输需求要以社会经济活动为基础。

在经济发展过程中，经济增长一般带来经济发展水平的提高，经济发展更多的反映人们对美好生活的一种理性预期的实现过程，而经济增长则是实现过程的现实途径之一，代表着人们的经济活动。人们通常用国民生产总值来表示经济增长的规模。从运输的角度看，国民生产总值能较好地反映人们的生产活动；而运输量与国民生产总值的关系通常能代表运输与经济之间关系的一个侧面。为了反映经济增长过程中经济与运输量增长的关系，人们常常分析运输的经济增长弹性。

所谓运输与经济增长的弹性关系，就是国民生产总值增长率与运量增长率之间的对比关系，通常定义为运量增长率与国民生产总值增长率之比。显然，若一个国家的运输供给能满足运输需求的要求，那么以运输系统实际完成的运输为基础计算的弹性系数可以反映运输与经济增长的弹性关系。事实上，由于我国的运输供给在一定程度上还不能满足运输需求，所以在此基础上计算得出的弹性系数与实际情况必然有一定差距；而发达国家大都经历了运输增长大于经济增长的阶段，运输能力供给一般大于经济增长的运输需求。因此，可以借助分析发达国家的运输经济弹性，来帮助理解我国运输发展的程度与状况。

由于货物运输直接反映了经济增长过程中的生产与分配活动，旅客运输又直接与人的活动量相联系。因而，不同的经济发展水平（如人均收入水平、经济活动在数量上的规模与在空间上的分布等）与产业结构（第三产业的迅速增长，导致整个经济的高速增长）等，都将直接反映为不同的运输经济弹性。就一般情况而言,在经济增长的初级阶段,由于第一、第二产业在经济增长中占有主导地位,这时的货物运输经济弹性系数较高。随着经济的不断增长,第三产业的迅速扩展,人均收入水平提高,货物运输弹性系数则有减小的趋势,而旅客运输弹性系数又相对较高。对交通运输系统中某一运输方式的运输经济弹性除上述因素之外,还由一国的自然地理环境、生产力布局及人口等因素来决定。例如,大国铁路的弹性相对于小国的能更真实地反映该国运输经济弹性关系,这是由铁路具有运输距离较长(在经济合理的前提下)、运量大等相对优势决定的。

值得注意的是,弹性系数与变量计算的初始值有关。新的运输方式会因其基础较小而具有相对较高的增长率,因此在开始阶段往往具有较高的弹性系数,而传统运输业(如铁路)具有较小的弹性系数。这提醒我们,把握一个国家的运输经济弹性要从运输总量经济弹性上去认识与理解,同时要注意经济发展的不同阶段表现出的不同弹性。

综上所述,对交通运输的运输经济弹性分析,可从总体上去把握一国运输供给能否适应经济增长的运输需求。

由于运输经济弹性系数受到许多因素的影响与作用,若简单地用一国弹性系数的大小去衡量另一国的运输经济弹性,则效果往往会适得其反。但至少有一点是能把握的,那就是经济增长的初级阶段(经济水平相对较低阶段),运输量有一个较高的增长率,随后才是运输增长率降低的趋势。

2. 规律性

运输需求起源于社会经济活动,而社会经济的发展具有一定的规律性。因此,运输需求也具有规律性。通常经济繁荣能带来运输需求的增长,经济萧条又能带来运输需求的下降。在国际运输中,由于运输需求是由世界经济和国际贸易派生出来的,所以其发展变化同世界经济和国际贸易密切相关。但由于国际贸易和国际运输的特点,往往世界经济活动的兴衰反映到国际运输需求上有一定的时间滞后。

3. 不平衡性

(1)运输需求在时间上的不平衡

运输需求最显著的特征之一是它随时间作规律性波动,具有时间上的不平衡性。这种不平衡主要是由农业生产的季节性、消费及贸易活动的淡季与旺季、人类的生活节奏与节假日、旅游的季节性等因素引起的。

对于货物运输需求,从较长的时间看:总体趋势是逐年增长的,波动比较小;但在一年里,货物运输需求的波动性就比较大,从而产生了各季度、各月货流不平衡,形成了运输工作的旺季和淡季。

货流在时间上的不平衡可以用运量波动系数 β 来反映:

$$\beta = \frac{Q_{最忙}}{Q_{平均}}$$

式中: β —— 运量波动系数;

$Q_{最忙}$——最忙最高一天的货运量,万吨;

$Q_{平均}$——全年平均每昼夜的货运量,万吨。

货运需求在时间上的不平衡,主要是由于所运货物的生产和消费的季节性引起的。可以分为以下几种情况:①生产和消费都有季节性,如蔬菜、水果等。②生产比较均衡而消费有季节性,如化肥、农药等。③生产有季节性而消费比较均衡,如粮食、棉花、食糖等。

可见,引起运量季节性变化的物资属于农产品或与农业生产关系密切的工业产品,这类物资在运量中所占比重越大,所引起的运输需求的季节波动性也越大;反之,则越小。因此,在组织运输时,对有季节性的物资,应当精心组织、精心对待,不违农时,防止农产品腐烂、变质,尽可能满足农业生产和时效的需要。

货运需求在时间上的不平衡,除与生产和消费的不平衡有关系以外,还有其他原因,如由于产、供、销各部门工作前松后紧,使货运需求在一年中一季度少、四季度多,从而造成货流在分配上的前松后紧现象。

对于客运需求,从一条运输线或一个运输枢纽来讲:一年内各季节、月、天甚至一天内的不同时间段,旅客运输需求都有所不同,有时差别还很大,这往往引起在不同时间内客流的变化,形成了客流的高峰和低谷。

客运需求在时间上的不平衡,主要是由于人们出行的集中性造成的。人们出行常常集中在某一段时间进行,如我国法定的节假日和旅游季节,人们往往在这些时间内探亲访友或到名胜古迹、旅游胜地旅游,从而形成有规律的客流变化。

农业生产的季节性,也往往带来人们出行有规律的季节变化,从而引起客流的季节变化。春耕、秋收季节,城乡间的客流明显减少;农忙时节一过,农民探亲、访友、进城务工逐渐增加,客流量又上升。各地农贸市场也吸引不少人到那里买卖商品,形成客流。

社会主义市场经济的发展,一方面使客运需求从总体上有较大幅度的增长;另一方面使承办商品交易会、大型运动会等活动的地方和时间里,客流量有突发性增长,加剧了客运需求不均衡。

还有一个重要原因是人类的生活节奏。一般工矿企业的职工,或者每天上下班往返于工作地与住地之间的人,形成城市每天早晚上下班时间客流高峰;或者住在工作地,每周星期五返家,星期日下午回企业;许多公务旅行的人往往在周末出行,以充分利用周一到周五的工作时间办理公务,而办完公务后又在周末返回居住地,由此形成了每周客流的波动变化。

尽管有这些规律性的或突发性的波动,但在一段时间里旅行需求是相对稳定的。例如,普通居民在一天内做大致上数目相同的出行,尽管为不同目的或以不同方式进行。

（2）运输需求在方向上的不平衡

运输需求在方向上的不平衡,是指在一定时期里(例如一年),在运输网络上两个相反方向上的运输需求不平衡,即相反方向的运输要求不相等。

货物运输需求在方向上的不平衡,体现在货流上就是货流方向的不平衡,造成了轻载方向和重载方向的存在。通常把载货多的方向称为重载方向,把载货少的方向称为轻载方向。货流方向上的不平衡,可以用货物的回运系数即轻载方向货物运输量与重载方向货物运输量的比值来表示:

$$回运系数 = \frac{轻载方向货物运输量}{重载方向货物运输量}$$

回运系数反映了运输方向不平衡的基本形式和原因,揭示了实现运输方向平衡的根本方式是提高转载方向的货运量,系数值越接近于 1 越好。

货物运输需求方向上的不平衡,主要是由于:

第一,资源分布、生产力布局及地区经济发展水平不平衡,造成货物运输方向的不平衡,这是货物运输需求方向上不平衡的主要原因。例如,通往林区、采矿场及煤矿的线路上,一般是进货少出货多,形成单方向运输;通往加工工业基地或大城市的线路上,运去原材料和燃料的重量,远远大于运出的产品重量,也会出现不平衡的情况。

第二,专业化运输工具构成与货种构成不一致以及专业化运输工具不能互相替代造成的。例如,分别生产石油和粮食的两地间相反方向上运量是平衡的,但由于运载工具不能通用,油轮不能载运粮食,散装船不适合载运石油,造成石油和粮食这两种货物在相反方向上的运输需求不平衡,形成船舶空驶的现象。

第三,运输组织工作的缺陷和经营管理不善,也会造成方向上的不平衡。有些运输企业,不重视经济核算和运输效率的提高,不注意运载工具的科学调度,不积极组织回程货源,采取“有货就装,无货空放”的粗放式经营,从而加剧了运输方向上的不平衡现象。

货物运输需求在方向上的不一致,必然影响运输能力的利用,造成运载工具的无效运行,从而降低了运输业生产经营的经济效益。

这种运力的浪费,可用空驶系数来表示:

$$空驶系数 = \frac{空载行驶的吨/千米}{空载行驶吨/千米 + 重载行驶吨/千米}$$

空载行驶吨千米采用标记吨位乘以空驶里程求得。空驶系数大,造成的浪费也大。

与货运需求不同,在较长的时间段内,客运需求在方向上具有较大的平衡性。因为一般来讲,人们出行总是一往一返,有去有回,只有极少数人例外。如因工作调动和居住迁移而引起的出行,每天城市职工从家里到工作单位工作,总是在一定时间后才又流动到住地;公务或商务旅行人员从所在城市(或地区)到另一城市(或地区)办事,总是在一段时间以后再返回原地。客运需求方向上的平衡性是从长期的角度去考察的。一往一返,可能是十天、可能是一个月,也有可能是半年。只有从长期考察才有可能有一个往返,否则完不成一个往返,就不可能在方向上趋于平衡。

就短期来看,旅客运输需求在方向上不可能是平衡的。例如,就一天来讲,上班前往厂矿企业去的旅客就可能很多,7:00 ~ 8:00 是城市交通的高峰时间,与此同时,前往职工居住区的旅客却很少;但下班以后的情形则相反,形成另一个城市交通高峰时间,通常是 17:

00 ~ 19：00，而客流的方向又与早晨时相反。在连接城镇的公路上，农民习惯于早进城晚回乡。这两种情况都使早上和下午出行的人数很多，客流量大，而中午时分，出行的人数则减少，客流量小。进城务工的农村劳动力，一般是农闲时进城忙回乡，形成随季节周期性变化的农村到城市、城市到农村的客流高峰。所以客运需求短时间内在方向上是不平衡的。

解决客运需求时间上和短期方向上的不平衡，只有用增加客运能力和改善经营管理来解决，以适应不断发展的社会主义市场经济和人民生活水平日益提高的需求，其中有三个问题值得重视：①客运能力的增长速度必须与客流增长速度相适应，而且要略高于客流增长速度，否则就不能缓解当前客运的紧张局面。②客运能力的分布必须与客流在地区上、方向上的分布相适应，客运能力的分布必须服从于客流分布。③在加强客运干线的同时，大力开辟农村客运市场，以适应农村商品经济的发展和农民生活水平日益提高的要求。

4. 个别运输需求的异质性

这种异质性指的是个别运输需求对运输质量管理和运输条件的要求不同，对运输方向和运输距离要求不同，对运输时间和运输速度要求不同，对运价水平承受能力不同，等等。如煤炭、石油、小汽车这些不同种类的货物对运输质量和运输工艺要求不同；鲜活易腐货物同一般货物在运输速度上要求不同；高价值货物与低价值货物能够承担的运价水平的不同；等等。

5. 部分可替代性

随着现代通信技术的发展，旅客流动的一部分可被替代；在工业生产方面，当原料产地和产品市场分离时，人们可以通过生产位置确定在运送原料还是运送半成品或产品之间做出选择；某些地区间的煤炭运输可以被长距离高压输电线路替代等。

二、运输需求的影响因素

影响运输需求的因素是多方面的。旅客运输和货物运输有着本质的区别，所以影响旅客运输需求和货物运输需求的因素不同。

（一）消费者的选择问题

1. 消费者的偏好

消费者的偏好是消费者行为决策中最重要的一个因素。不同的偏好会导致消费者对商品或劳务的购买做出不同的决策。西方经济学家通常对消费者偏好性质做以下三个基本假定：①偏好的完全性。即消费者能够对任意两种物品的任意数量的组合确定偏爱程度。判断消费者对两种组合的偏爱程度的方法，是将这两种商品组合标上相同的价格，然后问消费者究竟要哪一种。②偏好的传递性。即消费者偏好具有传播的特性。例如，假定一个消费者在 A、B 两种商品组合中更偏爱商品组合 A，而在 B、C 两种商品组合中更偏爱商品 B，那么，他对商品组合 A 的偏好一定大于商品 C。如果他对 A 和 B 偏好没有差别，对 B 和 C 偏好也没有差别，那么，同样可以断定他对 A 和 C 的偏好没有差别。③偏好的非饱和性。即消费者总是偏好"多"而不是"少"，在所含商品数量较多的商品组合和所含商品数量较少的商品组合之间，消费者总是宁可要前者而不是后者。

（1）效用、总效用与边际效用

物品所具有的满足人们欲望的能力，称之为效用。效用不仅是指物品本身的有用性或使用价值，而且还指消费者从对物品消费过程中所获得的心理上的满足程度。效用代表着消费者的主观的心理感觉，它不是一个客观范畴。如果某种物品的消费能使消费者感到满足程度高，商品的效用就大；满足程度低，效用就小；如果给消费者带来不适、不愉快或痛苦，就是负效用。消费者总是喜欢能给他们带来更多满足程度的商品或商品组合。因此，消费者偏好是用效用来描述的。

效用随消费者所消费的商品量的变化而变化，效用函数表示效用是商品消费量的函数。

商品效用分为总效用和边际效用。总效用是指消费者在一定时期内消费一定量某商品而得到的效用总和，是商品数量 q 的函数。

边际效用是指对额外一单位（最后一单位）某物品的消费所获得的额外的效用（或称总效用的变动量），即总效用增量与商品增量之比，是理解消费者行为的一个非常重要的概念。

（2）边际效用递减规律

消费者的总效用或满足程度的增加，显然依赖于对某商品消费数量的增加，但商品的边际效用是不断递减的。

边际效用递减规律是指：在一定时间内，在其他商品的消费数量保持不变的条件下，随着消费者对某种商品消费量的增加，消费者从该商品连续增加的每一消费单位中所得到的效用增量即边际效用是递减的。

边际效用递减规律是以人们的欲望强度递减和欲望强度饱和为基础的。当在一定时间内，消费某种商品时，对该种商品的需要欲望因得到即刻的满足，从而使其欲望的强度减少；随着消费数量和次数的增加，该种欲望会由获得部分的满足变成满足的最大饱和程度。这样每一商品增量的消费使消费者感到增加的满足程度或效用越来越小，直到下降为零。此外，在一种商品具有几种用途时，消费者总是将第一单位的消费品用在最重要的用途上，第二单位的消费品用在次重要的用途上，消费品的效用随着消费品的用途重要性的递减而递减。

边际效用递减规律对消费者购买决策的重要性是不言而喻的。当消费者用既定的收入购买某种商品的数量越多，该商品的边际效用即消费者从该商品消费所获得的满足程度就越低，而对其他商品和劳务的边际效用的主观评价就会越高。因此，消费者在购买各种商品和劳务以获得最大限度地满足时，必须考虑各种商品和劳务的边际效用。

（3）无差异曲线与边际替代率

效用是人们的主观心理感受，实际上是没有办法测量的。因此，许多经济学家提出效用不能由基数来衡量，但可用序数效用论来取代。序数效用论认为，虽然消费者不能说出自己对某种商品或劳务的效用量究竟是多少，但他可以说出自己对不同商品的偏好顺序。因此，可以用序数词第一、第二、第三……来分析偏好的顺序,以此表示效用水平的高低。这种理论叫序数效用论。

1)无差异曲线

如果效用是按序数排列的,就可以用一组无差异曲线来表达消费者的偏好。无差异曲线是表示在偏好既定的条件下,消费者获得满足程度相等的商品组合点的轨迹。

2)边际替代率

边际替代率是某消费者在保持同等程度的满足时,增加一种商品的数量与必须放弃的另一种商品的数量之间的比率。

(4)边际替代率递减规律

边际替代率变动的趋势是逐渐减少的,这就是边际替代率递减规律。该规律表示:在维持效用水平不变的前提下,随着一种商品消费数量的连续增加,消费者为得到每一单位的这种商品所需要放弃的另一种商品的消费量是递减的。边际替代率递减的原因是,当某种商品的消费数量和次数增加时,对消费者产生的满足程度即效用就降低,而被替代的另一种商品由于消费数量和次数的减少其效用就升高,为保持总效用不变,消费者必须不断更多地增加某一种商品的数量,才能弥补因另一种商品减少而放弃的效用。可见,边际替代率递减规律是以边际效用递减规律为基础的。边际替代率的几何意义是无差异曲线的斜率,由于边际替代率递减,所以无差异曲线凸向原点。

2. 消费者均衡

(1)预算线

无差异曲线只是表示消费者主观上对两种商品不同组合的偏好,但事实上,消费者到底购买多少则要由他的收入水平和两种商品的价格来决定。因为消费者在购买时总要受到制约,即他不得不在商品价格既定和货币收入有限的条件下决定自己的消费行为。消费者的预算线,又叫可能消费线,是指在消费者收入和商品价格既定的条件下,消费者的全部收入所能购买的两种商品的不同数量的各种组合。

假定,某消费者的货币收入为 M,全部用来购买两种商品 x 和 y;x 商品的价格为 P_x,购买量为 Q_x,y 商品的价格是 P_y,购买量为 Q_y。则该消费者的预算线可以用下列表示:

$$M = P_x Q_x + P_y Q_y$$

预算线的斜率的绝对值为两种商品的价格之比。因此,消费预算线也叫价格线。

(2)预算线的变动

从以上分析可知,只要给定消费者的收入和两种商品的价格,则相应的预算线的形状也就确定。因此,如果消费者收入、商品的价格中只有一个发生了变化,就会使原有的消费预算线发生移动。

(3)消费者均衡及其条件

消费者均衡是指消费者通过购买各种商品和劳务实现最大的效用时,既不想再增加,也不想再减少任何商品购买数量的这么一种相对静止的状态。效用论认为,消费者的目的是在既定的收入下通过购买各种商品和劳务的选择来实现效用最大化。消费者均衡就是表示消费者实现这一目的时的心理满足状态。"均衡"具有不变的意思,由于消费者已经达到最满意状况,他不会改变他所购买的各种劳务的数量;如果消费者的消费未能使他的效用最大化,他就会改变消费决策,重新增加各种商品和劳务的购买数量,增加总效用直到达到最大化。

在什么情况下才会达到最大满足即消费者均衡状况呢?当消费者用其有限的收入进行消费者选择的决策时,他会面临着两个约束条件:第一是各种商品和劳务的价格,这是他必须支付的消费成本;第二是各种商品和劳力的边际效用,这是他对各种商品和劳力的购买后所能得到的满足程度。由于边际效用递减规律的作用,如果他把相对多的钱花在购买某一种商品时,该商品给他带来的边际效用会下降;相反,他对用相对少的钱购买的另一种商品的边际效用的评价就会提高。因此,消费者在把有限收入在各种不同的商品和劳务中进行购买购置时,他必须考虑的两个最主要的因素,即价格和边际效用。

消费者均衡的条件是:各种商品和劳务的边际效用与其价格之比都相等。

(4)消费者剩余

根据效用论的观点,消费者对每种商品愿意支付的价格取决于它的边际效用,根据边际效用递减规律,消费者对同种商品的不同数量愿意支付的价格(需求价格)不同,该商品的数量较少时,消费者对其边际效用的评价较高,愿意支付较高的价格;反之则愿意支付较低的价格。不过,商品的市场价格大都定在某一价格水平上,也就是说消费者购买任何数量的该种商品实际支付的价格是相同的。只有这样,消费者根据其边际效用大小愿意支付的价格总额与他实际支付的价格总额之间就会出现差额,此种差额被称为消费剩余。

3. 消费者选择

前面分析的消费者行为是建立在价格不变、收入不变、消费者偏好不变的基础上的。如果这些条件发生变化,对消费者行为又有什么影响?

(1)收入变化与恩格尔曲线

假定消费者的偏好不变,两种商品的价格不变,消费者收入的变化将会产生许多平移的预算线。消费者的收入提高,消费者预算线平行向上移动。假定消费者的收入倾向不断提高,不同的收入水平下的预算线平行上移,较高的预算线将与较高的无差异曲线相切,形成新的消费者均衡点。收入消费曲线是在消费者偏好和商品价格不变的情况下,收入变化所引起的消费者均衡点变化的轨迹。

恩格尔曲线(Engel Curve)是以19世纪德国著名统计学家恩格尔的名字命名的曲线。虽然在恩格尔以前,有许多经济学家研究了收入变动对某种商品购买量变动的影响,但以恩格尔的研究最有影响。因此,凡是反映收入变化与某种商品消费量变化之间关系的曲线都被称为恩格尔曲线。恩格尔曲线是从收入消费曲线中推导出来的,有以下三种情况,如图1-1所示。

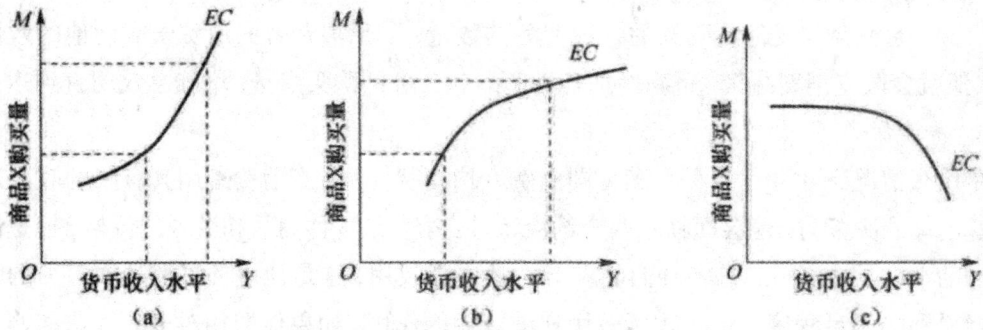

图 1-1 恩格尔曲线的三种情况

（a）商品 X 购买量随收入的增加而增加

（b）商品 X 的需求量随收入的增加而增加

（c）食物消费随收入变化而变化的基本规律

在图 1-1 中，横轴代表货币收入水平，纵轴表示商品 X 的购买量。恩格尔曲线不是直线，而是一条曲线，该曲线能更精确地反映收入变化对需求量变化的影响。

图 1-1（a）中的恩格尔曲线缓慢地由左下方向右上方倾斜，它表明商品 X 的购买量随收入的增加而增加，当购买量增加的速度越来越慢于收入的增加速度，这时需求的收入弹性小于 1，但大于 0。一般生活必需品都属于此类。

图 1-1（b）中恩格尔曲线陡峭地由左下方向右上方倾斜，表示商品 X 的需求量随收入的增加而增加，但其增加速度小于图 1-1（a）增加的速度，需求的收入弹性大于 1。一般奢侈品或劳务都属于此类。

图 1-1（c）反映的是恩格尔曲线的特殊形态，它主要反映食物消费随收入变化而变化的基本规律。图中的恩格尔曲线自左上方向右下方倾斜，斜率为负，反映的是收入弹性为负的低档消费品的情况。

恩格尔根据统计资料的研究发现了一个家庭消费规律，即"恩格尔定律"（Engel's Law）。恩格尔定律的基本内容是：一个家庭越穷，家庭收入或家庭总支出中用于购买食物的支出所占比例就越大；随着家庭收入的增加，食物开支所占的比重会越来越小。恩格尔定律也可以用恩格尔系数来表示。恩格尔系数是根据恩格尔定律而得出的比例数，公式表示为：

$$恩格尔系数 = \frac{食物支出}{总支出}$$

恩格尔系数的取值在 $0 \sim 1$ 之间，该系数越是接近于 1，表示该家庭越穷；越是接近于 0，表示该家庭越富有。恩格尔定律和恩格尔系数既可以反映一个家庭、地区或国家的生活水平和富裕程度，又可以反映其消费结构变动的趋势，是生活水平和消费结构比较研究的一个重要指标。后来一些西方经济学家根据经验统计资料提出，不仅食物支出方面存在着上述递减情况，而且衣服等生活必要支出也存在着类似的情况。

（2）价格变化与需求曲线

假定消费者的偏好和收入不变，两种商品的相对价格发生了变化，消费者预算线的斜率就会发生变化，从而引起预算线与新的无差异曲线相切，即引起消费者均衡点的移动。连接所有消费者效用最大化的均衡点的轨迹，从而形成价格消费曲线。

根据价格消费曲线可以推导出消费者的需求曲线。需求曲线上的每一点都代表在每一个价格水平下给消费者带来最大效用水平或满足程度的需求量，它是价格变化所引起的对某一商品消费者均衡变动的轨迹。

（3）替代效应和收入效应

一种商品价格的变化会引起该商品需求量的变化，这种变化可以被分解为替代效应和收入效应两个部分。

一种商品的价格下降，会对消费者产生两种影响：①使消费者的购买力增加，实际上消费者比以前更富有了，可以买更多的商品（即收入效应）。实际收入水平的变化被定义为效用水平的变化。②使商品的相对价格发生变化。一种商品的价格下降了，现在消费者放弃消费未变的另一种商品所得到的该商品数量增加了，因为此时价格未变的商品更贵了，所以消费者会少买价格未变的商品而多买价格下降的商品，这就是替代效应。

可以用无差异曲线解释收入效应和替代效应。收入效应是向更高无差异曲线移动引起的消费变动。替代效应是有不同边际替代率的无差异曲线上一点引起的消费变动。

一种商品价格变动所引起的该商品需求量变动的总效应可以被分解为替代效应和收入效应两个部分，即：

总效应 = 替代效应 + 收入效应

式中，收入效应表示消费者的效用水平发生变化，替代效应则不改变消费者的效用水平。

4. 消费者对运输的选择

由于不同运输方式的技术经济性不同，运输价格高低不同，运输货物的替代性不同，运输时间快慢和安排不同以及运输服务供给者之间的竞争，从而决定了运输服务消费者有优先选择的权利，即货主和旅客在不同的运输方式、不同的运输价格、不同的运输线路和企业、不同运达时间、不同装卸条件、不同运输质量和服务的条件下，优先选择对自己最有利的运输服务。

上述趋势除了在完全垄断或少数企业垄断的市场条件下，或强烈的行政干预条件下，只要存在着竞争和买方市场，运输消费者都有优先选择所需运输服务的权利。这表明了运输企业只有提供适合货主和旅客需要的运输服务才会有市场，才会有运输需求；否则，就会被其他能提供货主和旅客所需运输服务的企业所取代。

（二）旅客运输需求

旅客运输需求是一种派生性需求。它是由于人们的出行需要所派生出来的，即人们的出行行为派生了旅客运输活动。

在现代社会，人们的社会活动频繁，活动的地域范围广阔，除了利用电话、电报、计算机等手段来商谈业务以外，在多数情况下，都伴随着人们的出行活动。由于活动的地域广阔，除个别近距离者可以步行以外，一般都要利用各种运输工具作为代步工具，所以旅客运输活动派生于人类的出行活动。

现在人们的旅行包括公务、商务、度假、医疗保健、求学、家庭事务（探亲访友）、体育等类型。

旅客运输需求根据人们出行的目的一般可分为四类：公务、商务、探亲、旅游（包括度假、医疗保健等）。其中以公务和商务为目的的旅客运输需求来源于生产领域，是与人类生产、交换、分配等活动有关的需求，可称为生产性旅行需求，这种需求是生产活动在运输领域继续，其运输费用计入产品或劳务成本；以个人事务（探亲、访友等）、旅游为目的的旅客的运输需求来源于消费领域，可称为消费性旅行需求，其运输费用来源于个人收入。

以旅游为目的的消遣性旅行者外出的季节性很强，因为除退休者外，在职人员几乎都是利用带薪假期时间外出，旅游目的地的气候条件许多也有季节性，但他们对目的地和出行方式有较大的选择自由。

公务、商务性旅行者占有较大比例，没有季节性，对目的地没有选择自由，对旅行服务要求舒适和方便，对价格不敏感。

个人事务旅游者时间上通常没有规律，如参加婚礼、开学典礼等，有的有规律性，如探亲访友多在传统节假日等。

影响旅客运输需求的因素主要有：

1. 收入水平

一个人的收入水平，或者说是其家庭的收入水平，往往决定着其旅行消费水平。但真正起作用的是收入中的可自由支配部分，它是指个人或家庭收入中扣除全部及日常生活必须消费部分（衣、食、住、医疗、学习等支出——根据马斯洛的需求层次理论，吃、穿、住、医疗只能算是人们起码生存和安全的需要）之后所余下的收入部分。很多研究表明，当一个家庭的收入不足以购买生活必需品时，该家庭很少会外出旅行，一旦这个家庭的收入水平超过这一临界点，该家庭用于旅行的消费便会增加。

收入水平这一因素影响的重要性不仅仅在于一个家庭达到一定水平后便可以满足外出旅行的经济条件，而且还在超过这一临界水平后，每增加一定比例的收入，旅行消费会以更大的比例增加。个人收入水平还会影响人们的旅行消费的构成。

收入水平是影响消费性旅行需求的最重要的因素。一般来说，收入水平越高，需求量越大。但这种概括既不适用于所有运输方式，也不适用于所有场合。例如收入提高，拥有汽车变得更为普遍，公共运输在许多情况下变成了次等商品，即收入提高对私人汽车拥有量和公共交通需求量的影响是相反的。

此外,收入对长期需求和短期需求的影响是不一样的。一般来说,收入降低会使需求水平急剧下降,但由于人们将在长时间内重新调整他们的支出模式,弹性可能比刚开始时低得多。在一段时间内,人们在旅行上的花费占可自由支配收入的比例接近一个常数。

2. 闲暇时间

个人原因的旅行,不管是旅游还是探亲访友,需要另一个必要条件,那就是可用于旅行的闲暇时间。

第一,城镇居民的时间由五部分构成:工作时间、附加工作时间、满足生理需要的生活时间、必需的社会活动时间、闲暇时间(或称为可自由支配时间)。闲暇时间又分为每日闲暇时间、周末、公共假日和带薪假期。与旅行(旅客运输)有关的一是附加工作时间中的往返交通时间和参加社会活动时的在途时间;二是闲暇时间中用于外出旅行的时间,即周末、公共假日和带薪假期。许多人为了全家一起外出旅行,通常会选择公共假日或学生寒暑假期间休假,这就是我国旅客运输在节假日出现高峰的主要原因。

第二,对于农村居民,闲暇时间是随农业生产的季节性而变化的。除了春节这样的节日外,农村外出旅行、务工的时间主要是农闲时间。旅客运输也会随农业生产的忙闲季节转换而出现周期性高峰。

3. 影响个人事务旅行的其他因素

影响个人事务旅行的还有许多其他因素,如个人喜好、年龄、职业、受教育程度、民族等。

喜好是一个含义广泛的变量。它不仅影响一个人是否出行,还影响他的出行方式。随着时间的推移,与旅行和旅客运输有关的喜好已发生了变化,比如在外出旅行者中私人汽车出行的倾向在增加。

年龄的影响反映在身体状况和对旅行的热爱程度上,一般而言,年轻人身体好,外出旅游的热情高,经常把旅行和体育活动结合在一起,外出旅行相对较多。老年人体力较弱,除了疗养性质的旅游,外出旅行的相对较少。

职业、受教育程度、民族等主要是由于生活习惯不同,从而对个人的外出旅行产生影响。

4. 经济发展

由于人类旅行中有很大一部分是生产性的公务旅行和商务旅行,所以旅客运输需求受经济发展水平的影响很大。生产发展水平的高低、速度的快慢除了决定着居民收入水平外,还直接派生出大量的旅行需求,包括物质生产企业的原材料采购人员、营销人员及技术开发人员的工作旅行,商业与贸易企业的商务性旅行,以及与此关系密切的行政管理人员、科研与教育等事业单位人员的旅行等。

经济发展对客运需求的影响表现在以下几方面。

(1)经济发展总量

由物质生产产生的人员出行与经济总量成正比,国民经济规模越大、发展越快,派生出来的人员出行越多。

（2）生产力的配置

生产力的配置，也是影响客运需求的一个因素。因为生产力的配置不仅涉及生产设施的布局，还同时涉及劳动力资源的分布。由于生产力不可能全都集中在一个比较狭小的区域内，跨地区的人口流动是必然的。一般讲，生产力配置越分散，人员交流越多。

（3）商品经济的发达程度

随着市场经济的发展，第三产业占国民经济中的比例增加，商品购销及商务洽谈、参观、看货、验收等活动，通过人与人的活动才能解决。因此，市场经济越发展，商务活动越频繁，旅客运输需求越旺盛。例如，我国实行改革开放以来，商业贸易市场放开，从事商业经营的劳动力大幅度增加，外出经商人员在客运需求中占有的比例比计划经济时期大大增加。

（4）经济体制的影响

在计划经济体制下，国家实行严格的户籍管理和就业制度，人员流动量小，而市场经济体制下人们在就业方面有较大自由，人口流动相对频繁，因此客运需求量也更大。随着我国市场经济发展与完善，劳动力跨地区就业的限制越来越小，使得就业人口的流动性大大增加。特别是农村剩余劳动力向城市的转移，形成大规模的民工潮，成为客流增加的一个重要组成部分。

5. 人口的增长及城乡人口比例的变化

客运需求的主体是人，人口数量自然是影响客运需求的一个重要因素。在人均收入（人均出行率）一定的条件下，人口基数越大，出行人数越多，也就是客运需求量越大。

城市化程度是影响旅客运输需求的另一个因素。城市人口平均出行率比农村人口高，其原因有二：第一，城市人口平均收入高于农村，用于外出旅行的支出高于农村居民；第二，城市人口工作节奏比较快，脑力劳动强度相对较大，同时生活空间小、工作单调，容易产生压抑情绪，需要通过短时间地改变环境得到休息、放松身心，因此外出旅行的愿望比农村人口强烈得多。所以，城市人口在总人口中占的比例越大，要求提供的客运服务就越多。

6. 旅行费用即运输服务价格

旅行费用对旅行需求的影响较大，尤其是个人事务旅行需求。

商品的需求受它的价格、其他商品的价格及收入水平的影响。价格不是简单的票价，对运输价格来说必须包括为获得运输服务所付出的所有其他成本（其中的时间成本通常认为是最重要的）；此外运输需求可能不是简单的旅行，而是与旅行有关的一连串的运输服务。

价格变化对私人小汽车运输的影响，分为对车辆拥有量的影响和对车辆使用的影响两个方面。

旅行费用大大超过以车票形式支付的简单货币成本，包括时间成本、等候成本、不安全成本等形成一般化的成本指数。

使价格一般化很困难，尤其是要包括全部运输方式时更是如此。

在不同旅行人群和不同运输方式之间，价格需求弹性有十分明显的差别。运输的价格弹性，需要考虑以下问题：

（1）旅行目的

分析运输需求而不考虑所研究的旅行的特殊类型是很不够的。某些类型旅行的票价弹性远远高于其他种类的旅行，特别是商务旅行需求对运输价格的变化不及其他旅行敏感（个人旅行比商务旅行有更多的价格弹性）。

（2）收费方法

各种运输方式的收费方法不同，使用者对旅行价格的感觉与实际花的钱不同。例如，驾车出行者对旅行的全部真实价格感觉少，因为他们是根据短期边际成本这一有限概念做出决定的，而这比全部价格少得多；而公共运输工具的使用者在旅行开始之前就得买票，因而非常强烈地感觉到出行成本，但持有旅行卡的人感觉则与驾车者相似。

（3）所考虑的时期

面对运输价格的变动，人们在特短时期、短时期和长时期的行为方式可能不相同。有的人在短时期内反应强烈，但持续时间很短；有人则在短时期内对价格的变化反应迟钝，认为这是暂时变化，或是由于技术上的约束限制了他们的行动。

（4）价格变化的绝对水平

旅行距离越长，弹性越大。这是因为旅行距离越长，在票价增长百分比一定的情况下，价格变化的绝对值越大。

7. 运输服务的质量

安全、迅速、便利的运输服务网将刺激旅客旅行需求；反之，则抑制旅行需求。

8. 其他服务的价格

运输方式的客运需求，对运输方式的方便程度、运价水平和服务质量有直接影响。如成都到重庆的高速公路开通前，铁路每天开行两对直达旅客列车，车票还很紧张。高速公路开通后，由于其运行时间比铁路短很多，大量旅客流向公路，铁路减少一对列车后仍不能满员。又如北京到天津之间，高速公路通车后铁路客流大量流向公路，但铁路采取了提速、增加列车密度等措施后，客流又向铁路回流。

此外，一种运输服务的需求，除了可能受到与其竞争的和补充性的供应者行为的影响，还受到运输服务外其他商品价格的影响。其他商品价格的变化，使运输服务的效用发生相对变化，消费者会做出替代性选择。

9. 其他因素

还有一些因素对旅客运输需求有一定影响，如通信事业的发展、计算机应用的普及、金融行业的发展等。它们为信息、资金的流动提供了方便，在一定程度上可以减少人员的出行。

（三）货物运输需求

货物运输需求是派生需求，是由社会经济活动这一本源需求引起的。因此，经济因素对货物运输需求的影响是不言而喻的。自然资源分布、生产力布局产生了运输需求；经济高速增长时期，必然产生较强的运输需求；不同国家或地区经济发展不平衡，导致运输需求不平衡；国民经济产业结构和产品结构不同，在运输需求的质与量上要求也不同；同一国家或地区经济发展的不同时期，运输需求结构也有相应变化。例如，西方一些发达国家在工业化初期，采矿业、重工业、机械加工产业对钢铁需求较大，导致铁矿石、煤炭等散装货物运输需求急剧增加；到机械加工工业发展时期，原材料运输继续增长，但增长速度不如以前，而运输需求开始多样化，对运输速度和运输质量方面的要求有所提高；当进入精加工工业时期，经济增长对原材料的信赖明显减少，由于大宗散货需求增长速度放慢，从而使总体运输数量上增长速度放慢。所以运输需求越发多样化，技术密集型产品、高价值产品比重增大，对运输质量方面的需求就越来越高。

影响货物运输需求的因素有以下几个方面：

1. 经济发展

经济发展对货物运输需求的影响是多方面的，主要有以下三点：

（1）自然资源分布不均衡，生产力布局与资源产地的分离

自然资源是大自然赋予人类的财富，然而，自然资源在空间的分布不均衡是一种自然的地理现象。生产力的布局要考虑自然资源分布状况，但不可能完全一致；人类的经济活动必然要求自然资源由储藏丰富的地区向贫乏的地区流动，这就必然产生运输需求。

（2）生产力布局与消费群体间的分离

由于各地区经济发展不平衡，生产力布局与消费群体的分离必然存在；生产力的布局同时决定了生产性消费品的分布，而生产性消费品的生产和消费同样存在分离。随着社会经济的发展，某些商品的生产与消费的空间分离可能会减少，但是随着生产的社会化、专业化、区域经济的分工与合作、生产要素的进一步组合，某些商品（包括中间商品）的生产将日益集中在某个或某些区域，因此，生产与消费的空间分离将日益增大。由于生产与消费的空间分离不可避免，就必然产生运输需求。

某类商品的生产与其所产生的运输需求之间的关系，可用产品运输系数来表示，即

$$产品运输系数 = \frac{产品运输量}{生产量}$$

一般而言，工农业产品产量越多，其运输量就越大。但在产品数量一定时，运量的大小则取决于产品运输数量的大小。因为一种商品运输量的大小是由多种因素决定的。如名牌产品畅销全国各省和世界各国，其运输量大。某商品产地消耗量大，运往各地销售的比重小，其运输量小；企业和仓储地点分散，进行生产协作和商品储存时，运距长，其运量大；产品生产专业化程度低，综合利用程度高，产品的运输工作量少；各种运输方式进行合理分工、密切协作，使运输趋于合理，减少了不合理运输，使运输工作量减少；同一产品在同一时期内由于产销联系的变化，也使运输工作量发生变化；生产水平的提高，库存量增减，物资进出口数量的变化……这些都会引起产品运输系数的变化，从而影响运输需求。

产品运输系数是一个运输经济指标，反映了各种商品的运输需求，对于运量经济调查、

运量预测有重要意义,是研究运输需求的重要参考指标。

另外,生产力的布局不均衡还带来另一个问题:不同地区之间以及不同国家之间的自然资源、技术水平、产业结构不同,产品的质量、品种、性能、价格等方面存在很大差异,由此可引起货物在空间上的流动,产生运输需求。

（3）工农业生产的规模和速度

货物运输是实现工农业生产的重要手段,是实现工农业产品交换的必要条件,是实现不同地区经济联系的桥梁和纽带。货物运输需求随着工农业生产和交换的规模、范围和构成等情况的变化而变化,从而受它的制约。随着工农业生产和交换规模的增大,货物运输需求量就会增大;随着工农业生产和交换范围的扩大,货物运输距离就会延长;随着工农业生产构成的变化,货物运输需求的构成也会变化等。但它们不呈正比例变化,因为影响运输需求的因素是多方面的,工农业生产仅仅是影响因素之一,而不是唯一的因素。严格说来,如果在货运能力超前于工农业生产的前提下,工农业生产的规模和速度与货物运输需求是正相关的变化关系,即工农业生产发展了,货运生产也有随之发展的趋势,因为货运强度（货物周转量／工农业总产值）不是固定不变的,工农业产品的价值构成也不是固定不变的,它要受产业、产品结构和供求关系的影响而发生变化。同等数量的工农业总产值,其货物周转量不同。

2. 运输价格

运输价格和运输商品的市场价格变动,也会引起运输需求的变动。一般来说,运价下降,运输需求上升;而运价上涨时,短期内运输需求会受到一定抑制;两地市场商品价格差别增大,会刺激该商品两地间的运输需求,而商品价格差别缩小,则会减少两地间该商品的运输需求。另外,燃油、运输工具等价格变动会引起运价的变动,从而导致运输需求的变动。

3. 运输网络的布局和运输能力

运输网络的布局和运输能力直接影响对货源的吸引范围和对运输需求的适应程度。如国际航空线路的开辟,为鲜活易腐货物的国际运输需求提供了质量保证;优越的交通地理位置、高质量、高效率的运输网络不仅能满足本地区的运输需求,而且还可以吸引过境货物、中转货物。中国香港和新加坡的港口是名列世界前茅的集装箱运输大港,其特点是半数以上的集装箱吞吐量来自其他港口的中转箱。由此可见,完善、合理的运输网络布局,以运输能力为保障的方便、快捷、高质量的运输服务,无疑会刺激运输需求;而滞后的运输网络与运输能力会抑制运输需求。

对于某一种运输方式,不同运输方式间的相互替代也是影响运输需求的一个因素。一旦有多种运输方式存在,考虑一种运输方式替代另一种运输方式的影响因素是十分必要的。假定用户的决策都取决于它们得到的运输服务的价格,那么最方便的衡量方法就是分析不同运输需求的交叉价格弹性。交叉价格弹性是在其他条件不变的情况下,由某种运输方式的运价变化所引起的另一种运输方式需求量的变化的比例。如果交叉价格弹性的数值大于零,即某种运输方式的运价提高引起了另一种运输方式需求量的增加,那么这两种运输方之间是可以互相替代的，这说明用户自动选择了使用更廉价的运输方式解决自己的运输问题。如果交叉价格弹性的数值小于零，即某种运输方式的运价提高引起了另一种运输方式需求量的下降，那么这两种运输方式之间是互补关系。

在货物运输中国民经济结构的变化，尤其是从重工业转向生产高价值、低重量产品的轻工业，使人们将重点从价格转移到了运输服务的其他方面，对有些货物，低价格不再是选择运输方式的决定性因素了。

4. 人口

人口的增长、分布以及城市化水平，对货物运输需求都有一定影响。人口增长，人均收入增加，必然增加消费品的供应量，也就是刺激货物运输需求的增加；城市化水平高，城市人口比重大，必然要增加城市人口的生活供应，城市人口与农村人口相比，消费品的供给量是比较大的。

5. 国家政策

国家政策对货物运输需求的影响是综合性的，反映在许多方面，主要表现在：

（1）经济体制

一个国家的经济体制有计划经济和市场经济两种形式。而不同经济体制对运输需求影响很大。如我国改革开放以前，社会经济中的产品交流主要通过计划分配来实现。经济体制改革以来，流通体制发生了根本性的变化，市场调节生产资料的比例日益增大，消费性商品供给市场基本放开。在竞争机制的作用下，产品在市场上相对自由地流动，商品交换的范围迅速扩大，带来了运输需求的迅速增长。

另外，随着经济体制的转型，物质生产部门的生产组织管理发生变化，企业自主购销，使原材料和产品的流量、流向在一定程度上发生变化，货物的运输组织方式发生很大变化。例如，随着物流概念被越来越多的企业所接受，许多流通企业，甚至生产企业已经实现了"零库存"，原材料、产品的库存分散化，转向第三方物流企业，这种可以节省大量库存费用的现代化管理方式，是以可靠的货物运输作保障的，对运输新的要求，不仅影响到货物运输需求的总量，更影响到货物运输需求在不同运输方式间的分配，以及运输生产组织方式。

（2）国家政策对产业结构及布局的影响

为了促使经济的合理发展，国家政策对投资具有导向作用，一是鼓励投资向某些部门倾斜，二是鼓励投资向某些地区倾斜。结果都会对货物运输需求产生影响：投资引起产业结构的变化，会间接影响货物运输需求问题的变化；产业布局的变化会引起货物运输需求流量、流向的变化。

（3）运输政策

国家的运输政策，第一会影响运输的供给（投资），包括供给的总量和供给的构成两个方面；第二会影响运输市场，建立开放的运输市场符合市场经济发展的要求。但是运输基础设施具有公共性，又不能像物质生产部门一样完全市场化，这是运输行业的特性所决定的。国家政策对运输供给和运输市场的影响，最终会对货物运输需求产生影响。

（4）价格政策

运输价格管理是国家运输政策的一个重要方面,由于运输生产有为社会服务的属性,加上运输生产容易形成垄断,许多国家都对运输价格进行这样或那样的干预,尽管存在不少问题,但运输价格不可能像普通商品价格一样完全由企业根据市场需求情况来决定。国家对运输价格与其他商品价格比价的干预,包括对不同运输方式比价的干预,不可避免地会影响货物运输需求。

（四）运输时间对运输需求量的影响

从微观经济的角度出发,运输时间对运输需求量有不可忽视的影响。

1. 运输时间的概念及其构成

运输时间是指货物或旅客从甲地到乙地所花费的时间。对货物运输来讲,包括托运、待运、装运、运送、中转、卸货等作业时间;对客运来讲,包括购票、等待(候车)、上车、运送、下车(出站)等时间。

客货运输时间的长短,影响旅客和货物在途时间形成的运输成本的大小,从而影响顾客对运输的需求。

2. 托运和购票时间对运输需求的影响

托运和购票时间是运输需求时间的组成部分,这点往往被人们忽视。一般来讲,托运手续简便,货运服务周到,运输价格公平合理,托运时间短。最短的是货主一个电话,就可以办好托运业务(当然填写货单的时间还是必要的)。托运时间短,就能给货主节省时间,在货主心目中树立起较高的信誉,给购买该运输企业的劳务创造条件,因而可以增加运输需求。反之托运时间长,手续繁多,办事效率低,就有可能影响顾客对该企业的运输需求。

购票时间一般人看来是旅客的私事,但实际上是完成旅客运输需要时间的重要组成部分。如果一家运输企业能以最简便的方式让旅客订到机票、车票或船票,而另一家运输企业,让旅客自己亲自去购买,甚至排队。那么可以肯定在其他条件相同的情况下,前者运输需求大,后者运输需求少。

购票问题涉及排队问题,即排队的输入过程、排队规则和服务机构,怎样根据旅客的到达方式和分布来决定服务时间的分布,使旅客排队时间最短,这是一个专门的运输生产组织问题,将在其他课程中论述,但必须指出:购票时间短,方法简便会增加运输需求;反之,则会减少运输需求。

3. 等待时间对运输需求的影响

旅客乘坐运输工具前,等待时间是不可避免的,同样,货物装运之前的等待也是不可避免的。等待时间涉及运输组织的合理性和运输供给的准时问题。

运输组织的合理,可以最大幅度地压缩等待时间,增加对运输需求的吸引力。

一般来讲,运输供给准时,对于客运来说可节省旅客的时间,减少疲劳;对于货运来说可按时发送物资,准时到达目的地,满足货主对运输速度的需要。所以,运输准时,可以提高客货运输服务在旅客和货主中的信誉,增加运输需求;反之,将减少运输需求。

4. 运送速度对运输需求的影响

运送速度或者在途时间是货主和旅客选择运输服务的重要标准之一。在市场经济条件下,时间就是金钱,运输速度越快,将加快生产进程和缩短商品流通的时间,从而获得经济效益。所以对货主而言,快速运输是重要的选择条件,当然货主还要权衡快速运输所增加的费用是否低于快速运输所带来的经济效益,如果增加的费用小于带来的经济效益,货主将毫不犹豫地选择快速运输。对于旅客运输,快速运输是节省时间的最好办法,但出于经济上的考虑,在有支付能力的条件下,一般都愿意选择快速运输,这样既可以节省时间、提高效率,又可以减轻疲劳、有利健康。综上所述,运输速度快,时间短,可增加运输需求;反之,会减少运输需求。

5. 多式联运对运输需求的影响

缩短旅客和货物在运输途中的中转时间,是缩短运输总时间的另一个重要问题。目前世界各国运输发展方向之一,就是开展多种运输方式的联合运输,以真正实现一票到达目的地。所以采用多式联运的运输方式,可以大大缩短中转时间,增加运输需求。

6. 夜间运输对运输需求的影响

旅客或货物的运输,在时间上不仅存在长短的问题,还存在一个何时出发、何时到达的问题。货物的运输在时间上需要与产品的生产和销售相衔接、相配合;旅客运输需要和人的工作时间及休息时间相配合。旅客为了尽可能节省时间和费用,希望夜间旅行,既不耽误当天的工作,也不耽误次日到达目的地后的工作,在运输途中休息还可以节省住宿费用。因此,运输部门推出的夜航、夜间班车等新产品,极具吸引力,成为增加旅客运输需求的有力手段之一。

货物的夜间运输,主要是可以使当天生产的产品及时运往消费地,或是使某地生产的产品可以在次日于到达地上市销售,以最快的速度抢占市场,从而减少库存时间及其费用,加速资金周转。

由于其具有上述优势,积极开展夜间运输有利于增加运输需求。

第二节　运输供给

一、运输供给的概念

一种物品的供给是指厂商在一定价格上所愿意出售物品或服务的数量。供给包含两个层次的含义,微观层次上表示厂商在一定价格上所愿意出售的物品的数量;宏观层次上是指市场中的所有厂商在一定价格上愿意提供的物品总量,又称市场供给。因此,运输供给的概念也包括这两个层次的含义。

运输供给是指运输生产厂商在特定的时期内，在一定的价格水平上，愿意并有能力提供的各种运输产品的数量。从微观层次上，单个运输生产商所愿意提供的运输产品的数量与该产品的价格和成本有关；从宏观层次上，运输产品市场总供给取决于市场中该运输产品生产者的数量和每个厂商所能够和愿意提供的产品数量。

运输供给包含以下四个方面的内容。

1. 运输供给的数量

运输供给的数量通常用运输设备的运输能力来表示，以说明运输供应商所能提供的运输产品的数量和规模。

2. 运输方式

运输方式是指公路、铁路、水运、航空和管道五种运输方式。由于各种运输方式具有不同的技术经济特征，因此，不同运输方式呈现相互供给特点。

3. 运输布局

运输布局是指各种运输方式的基础设施在空间的分布和活动设备的合理配备及其发展变化状况。

4. 运输管理体制

运输管理体制表明了运输业发展的结构、制度、资源配置的方式以及相应的政策、法规等。

运输供给的能力由运输基础设施和运载设备两个部分构成。铁路、公路、航道、管道等运输线路及车站、港口、机场等运输基础设施形成了运输供给的物质技术基础，是运载设备运行的载体；铁路机车车辆、汽车、船舶、飞机等运载设备与运输线路的结合共同构成了运输的生产能力。虽然在运输管理体制上，运输与运载设备的管理可能分离，但是在运输生产能力的形成上，两者是紧密结合、缺一不可的。

二、运输供给的特点

（一）运输产品不可储存性

运输业提供的产品是旅客或货物的位移，产品具有无形性的特点，运输的生产与消费同时进行，因此，运输产品不可储存，只能储存其运输能力。

由于运输需求具有很强的波动性。因此，在一定时期内相对稳定的运输生产能力很难与运输需求和谐匹配，运输生产难以均衡，运输供求关系会随着需求的波动经常发生变化，相应地造成了运输企业均衡生产和服务质量控制的困难。

（二）运输供给的整体性

运输供给的整体性主要表现在两个方面：①运输基础设施与运载设备能力相互匹配，形成不可分割的整体。②运输基础设施具有整体性。运输基础设施可以区分为两个部分：运输线路和线路上的车站、机场、港口等设施。基础调入的建设应该统一规划、统一设计、相互配套,以共同形成生产能力。如果设计和规划时没有整体观念,就会造成在一些地区或线路上能力紧张,成为运输供给的"瓶颈",从而影响整个网络的供给能力。

（三）运输供求不平衡性

运输供求不平衡性主要表现在时间上和地区上的不平衡。由于运输需求的季节性不平衡,会导致运输供给出现高峰与低谷时供给量的悬殊变化,从而造成运输供给量在时间分布上的不平衡。

由于世界经济和贸易发展的不平衡,会导致一个国家内部各地区之间经济发展的不平衡,经济发达国家（地区）的运输供给量比较充分,而经济比较落后的国家（地区）的运输供给量则相对滞后。运输供给的不平衡性在国际运输市场表现突出。供给与需求的平衡是暂时的、相对的;而不平衡是绝对的、长期的。

（四）运输供给的部分可替代性

运输供给是由多种运输方式和多个运输生产厂商的生产能力共同构成的,由于运输产品的核心是提供旅客和货物的位移,因此,运输产品之间具有可替代性,在同一方向、具有相同或相似技术经济特征的运输方式或运输企业所提供的产品就形成了较强的竞争态势。同时,由于运输产品在时间、运输方向、运输距离等特征上存在差异,旅客、货主对运输产品服务的经济性、方便程度、快捷程度等质量的要求不同,使不同运输方式间或同一运输方式中不同运输企业间运输产品的替代性受到限制,这种限制又使每种运输方式间或同一运输方式中具有差别的运输服务都有可能在某一运输供给上形成一定程度的垄断。因此,运输供给的替代性和不可替代性是同时存在的,运输市场的供给之间既存在竞争也存在垄断。

（五）运输生产的时空差异性

运输生产的时空差异性是由于运输需求在运输时间上的不规律性、在运输方向上的单向性和个别运输需求对运输设备的适应性等,所造成的运输供给与运输需求不匹配而形成的运输生产的时间差异。运输企业为了实现供需的时空结合,经常要付出空载行驶的代价,导致运力浪费。掌握市场信息,依靠科学技术提高运输能力的协调与分配是运输业解决运输生产与需求时空矛盾的关键。

（六）运输供给的外部性

如果某人或企业从事经济活动时给其他个体或社会带来危害或利益,而它们并未因此支付相应的成本或得到相应的报酬,经济学将这种现象称为存在外部性。外部性是指个人或企业不必完全承担其决策成本或不能充分享有其决策成效,即成本或收益不能完全内部化的情形。成本和收益不能内部化把外部性分为两种类型:负外部性和正外部性。个人或企业不必承担其行为带来的成本是负外部性;个人或企业不能得到其决策和行为带来的额外收益则是正外部性。

运输供给具有较强的负外部性特点,表现在两个方面:

　　一方面是当运输生产商超额生产时，一部分运输成本转嫁到消费者身上。由于运输生产者不能储存运输产品，只能储存运输能力，而运输能力在特定时期内是相对稳定。因此，当运输需求高峰期到来时，运输供给在较大范围内超额生产，同时并不能带来运输成本的时限上升，在我国的旅客运输中经常见到这种情况。运输业可以在成本增加很少的情况下，在需求允许时增加供给量，但伴随而至的是运输条件的恶化，运输服务质量的下降，使得本应该由运输企业承担的成本部分地转嫁到消费者身上。

　　另一方面是由于运输活动带来的空气、水、噪声等环境污染，能源和其他资源过度消耗以及交通堵塞等成本也部分地转移到了运输业的外部成本中。

第 二 章　运输成本

第一节　运输成本概述

一、运输成本与运输供给

运输成本对于运输供给有着重要影响,在经济学分析中需求与供给是一对相互联系的概念,但是在实际经济分析中成本概念有时比供给的意义更重要。这是因为任何厂商或产业都有自己特定的成本曲线,而它们在市场上的供给曲线只不过是其成本曲线的一部分,对运输业者和运输行业来说也是这样。因此可以说,如果我们比较好地理解了运输成本,也就自然地理解了运输供给。

二、运输的机会成本

这里的每一个例子中,做出的决定实际上都会使我们失去做其他事的机会。失去的选择被称为机会成本。机会成本(opportunity cost)与一般意义上的会计成本不是同一个概念,它不一定是做某件事的时候实际发生的账面费用支出,其更多的是指为了做这件事而不得不放弃做其他事,在观念上的一种代价;使用一种资源的机会成本是指把该资源投入某一特定用途所放弃的在其他用途中所能获得的最大利益。在运转良好的市场上,当所有成本都包括进来时,价格等于机会成本。在分析发生于市场之外的交易时,机会成本的概念显得尤其重要。

运输经济学中所使用的成本概念也应该是机会成本。例如,不论是土地还是其他自然资源,也不论是劳动力还是资金,一旦被用于某种运输设施建设或运输服务,就不能同时用于其他产品的生产或提供其他服务,因此选择了资源在运输方面的使用机会就意味着放弃了其他可能获得利益的机会。更进一步地说,避免更大损失也是把握机会成本概念的重要方面,"两害相权取其轻"的说法早就清楚地刻画了人们在这方面对机会成本的理解,因此机会成本还可以有一个补充定义:"在做出希望使损害最小的某种选择时,如果不做该选择可能会遭受的更大损害,就是该项选择所要避免的机会成本"。

那么,是否所有的机会成本都表现在企业的损益表(也称利润表,是反映企业在一定期间的经营成果及其分配情况的报表)这样明显的地方呢?不一定。有一些重要的机会成本往往并不出现在损益表中,例如:在许多小的运输企业中,创业者可能投入了许多无偿的时间,但并没有被包含在成本之中;企业账户不会涉及其所有者自有资金的资本费用;当企业把有毒气体排放到大气中时,它们也没有承担由此引起的环境污染费用。但是,从经济学的观点来看,这些对于经济来说都是真实的成本。让我们以一辆卡车的车主为例来说明机会成本的概念。该车主自己驾车进行运营,他每周投入60个小时,而并不领取"工资"。在年末,他获得了20 000元的利润,这对于一个个体卡车车主来说是不错的收入。果真是这样吗?未必。我们还必须把车主失去的劳动机会作为成本来计算。通过考察,我们发现,这位车主能够找到一份相似的、同样有趣的工作,他为别人打工能获得每年30 000元的收入。这就代表了机会成本或所放弃的收益,因为该车主决定去当没有工资的个体运输户的老板,而不是为其他公司工作来领取工资。因此,他表面上得到了20 000元/年的利润,实际上减掉30 000元/年的劳动机会成本后,还净亏损10 000元。结果是,尽管账面数字认为该个体运输户在经济上是可行的,但是,经济学家却会判定该企业实际上是亏损的。

我们在运输活动中也可以找到很多这样的例证,例如由于不正确的投资决策造成某些运输设施经营严重亏损,投资回收已不可能,那么是应该废弃已经建成的运输设施,还是维持该设施的运营并使损失尽可能减少呢,这也需要用机会成本去进行分析和权衡。又如,私人小汽车拥有者自己开车出行,所引起的直接费用(如燃油费)可能并不大,但除此之外他还要付出一些代价,如交通拥堵及停车引起的时间损失等,而时间也是有价值的,因此,私人交通领域也不仅仅考虑的是实际发生的费用,机会成本同样是人们选择或决策的主要依据。当然,由于机会成本一般不能用会计成本直接代替,而机会成本本身又不容易准确地进行计算,因此如何准确把握机会成本有时也会成为一个比较困难的问题。例如,在图书馆看书学习还是享受电视剧带来的快乐之间进行选择,此时的机会成本就很难用货币来衡量。

三、机会成本的衡量方法

在运输经济分析中有两个相对实用的机会成本衡量方法,即利用隐含成本和影子价格的概念。所谓隐含成本(implicit cost)是指厂商使用自己所拥有的生产要素,但由于在形式上没有发生明显的货币支付,故称为隐含成本。例如,运输业者或运输企业自己在拥有固定运输设施或运输工具的情况下,从事运输时似乎并不需要支付相应的利息和租金等。这部分支出在形式上虽然没有发生,但这并不等于没有机会成本,因为他们当时建设或购置这些财产的时候是付了钱的,这些钱如果存在银行可以获得利息,如果投资在其他领域也可以获得利润,而运输业者或运输企业租用运输设施或运输工具从事运输则无疑需要付出租金。因此计算隐含成本是大体把握运输企业使用自有财产机会成本的一个替代方法。影子价格(shadow price)是一种以数学形式表述的反映资源在得到最佳使用时的价格,主要应用在投入使用的生产要素的账面成本与这些要素现实在市场上的价格有差别的情况下。例如运输业者或运输企业原来储存的燃油与现实的燃油市场价格有了较大不同，或所拥有的土地及其他财产也由于时间和其他条件变化产生了价值的增减，这就需要把有关生产要素放到开放的要素市场中去进行重新估价，用当前的市场价格修正账面上的会计成本。

第二节　基本的运输成本概念

一、总成本、固定成本和可变成本

（一）总成本

总成本（total cost，TC）是指在一定时期内（财务、经济评价中按年计算），运输供给者提供某种运输服务（运输服务产出即运输量用 q 表示）而发生的总耗费。通过总成本的计算和分析，可以了解掌握计算期的总支出；将总成本与收入、利润、净利润等比较，能获得有意义的分析指标。

（二）固定成本

什么是企业的固定成本（fixed cost，FC）有时，固定成本也称为"固定开销"。它由许多部分构成，如公路的建设费用、车站和码头的租金、根据合同支付的设备费、债务的利息支付、长期工作人员的薪水，等等。即使运输供给者的运输量为零，它也必须支付这些开支，而且，如果运输量发生变化，这些开支也不会改变。

（三）可变成本

可变成本（variable cost，VC）是随着产出水平的变化而变化的那些成本。它包括：提供运输服务所需要的原料（如汽车行驶所需更换的轮胎）、为运输站场配置的搬运工、进行运输所需要的能源，等等。在一个运输站场中，搬运工是可变成本，因为站场主管可以较轻易地调整搬运工的数量和工作时间来适应站场中的车流量。根据定义，当 q 为零时，VC 的起始值为零。它是 TC 中随着产量增加而增加的部分，实际上，在任何两个产量之间，TC 的变化量就是 VC 的变化量，因为 FC 的数值一直不变。

根据上述定义，总成本等于固定成本加可变成本：

$$TC = FC + VC$$

（四）固定成本与沉没成本

沉没成本（sunk cost）又称沉淀成本、历史成本、旁置成本等等，是指一旦支付就永远损失的成本。以经济观点而言，此项成本可以不算经济成本或机会成本，因为此项资源已经使用，且已没有机会再使用它。因此，在微观经济学中做决策时如果同时考虑到沉没成本（这被微观经济学理论认为是错误的），那结论就不是纯粹基于事物的价值做出的。举例来说，如果预订了一张火车票，已经付了票款且假设不能退票或转卖掉。此时付的钱已经不能收回，就算不去乘坐火车钱也收不回来，火车票的价钱算作沉没成本。当然有时候沉没成本只是价格的一部分，比方说买了一辆自行车，然后骑了几天低价在二手市场卖出。此时原价和你的卖出价中间的差价就是沉没成本。在这种情况下，沉没成本随时间而改变，留着那辆自行车骑的时间越长，一般来说卖出价会越低（折旧）。

现在，我们对固定成本和沉没成本做一个重要的区分。回顾一下，固定成本是不随产出变化而变化的成本。假设你是一家煤矿公司的经理，你已经支付了 10 000 元租用一辆运煤用的轨道车一个月。这笔费用反映了你公司的一个固定成本——不管你用这台车运 10 吨煤还是 10 000 吨煤，成本都是 10 000 元。这 10 000 元多大程度上作为沉没成本取决于你的租用方式。如果租用方式规定，一旦这 10 000 元支付就不能再收回，那么这 10 000 元就是沉没成本—你已经支付了这一成本，没有任何办法能够改变它；如果该租用方式规定，如果你不需要轨道车了，将偿还 6 000 元，那么 10 000 元固定成本中只有 4 000 元是沉没成本。因此，沉没成本是不能偿还的固定成本部分。

既然沉没成本一旦支付就永远损失了，它们与当前的决策是不相干的。例如，假设你支付了不可偿还的 10 000 元以租用一辆轨道车一个月，但在签订租用协议后你立刻意识到自己并不需要它——因为煤的需求量比你预计的大大降低了。一个承包商找到你，提出从你处以 2 000 元转租轨道车。如果你的租用合同允许你转租这辆轨道车，你应该接受这个承包商的建议吗？你可能有理由说不。毕竟，你的公司将 10 000 元的轨道车以微不足道的 2 000 元转租出去会损失 8 000 元。但这种推理是错误的！你的租金是不可退还的，也就意味着这 10 000 元是沉没成本，已经损失了，既然你没有办法减少这 10 000 元的成本损失，那么唯一可做的是设法增加你的现金流。在这种情况下你的最优选择是转租这辆轨道车，因为这样做能为你的总收入增加 2 000 元，否则的话，你不能得到这 2 000 元。注意，尽管沉没成本与你的当前决策无关，但它影响着你的总利润。如果你不转租这辆轨道车，你会损失 10 000 元；如果你转租它，你的损失只有 8 000 元。

二、边际成本

在经济学各领域中，边际成本是最重要的概念之一。边际成本（marginal cost，MC）表示由于多生产 1 单位产出或多提供 1 单位运输服务而增加的成本。例如，一个公路运输企业提供 1 000 吨公里运输服务的总成本是 500 元，如果提供 1 001 吨公里运输服务的总成本是 506 元，那么，提供第 1 001 吨公里运输服务的边际成本就是 6 元。

有时，多生产 1 单位产出的边际成本可能非常低。例如，对于一架有空位的客机，增加一个旅客的边际成本可能是微不足道的，几乎不需要增加任何资本（飞机）或劳动（飞行员和空中服务人员）。但在其他例子中，边际成本也可能会很高。以铁路运输系统为例，在正常情况下，它可以用最低的成本或最高的效率提供足够的运输服务，但在春运期间，当客运需求变得非常大的时候,铁路部门将不得不启用系统中那些陈旧的、高成本而又低效率的机车和车皮,这将会导致所增加运输服务的边际成本非常高昂。

根据经验研究发现,对于大多数短期生产活动(即当资本存量不变时),边际成本曲线是一种如图 2-1(b)所示的 U 形曲线。这种 U 形曲线在开始阶段下降,接着达到最低点,然后再开始上升。

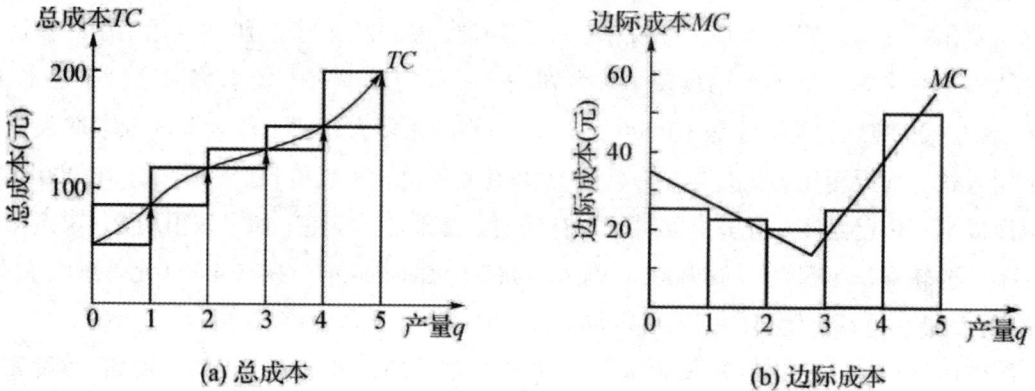

图 2-1 总成本与边际成本之间的关系

在经济学中,边际成本一般被定义为增加额外一单位产量的成本增加额。在运输经济学中,边际成本是用增加的吨公里或人公里数去除新增运输服务所增加的运输成本,然而吨公里或人公里仅仅是运输产品的一类计量单位,并不是实际的运输产品,一位旅客随飞机在空中飞行一公里距离与他的整个旅程存在很大差别,因此这样定义的边际运输成本就有可能与一般经济学发生偏差,以吨公里或人公里计算的边际成本仍然带有某种平均的性质。

于是,在运输成本分析中还可以使用增量成本(incremental cost)的概念。对于增量成本,有学者将其定义为新增加的运输服务引起的成本增加,它与边际成本的主要区别在于衡量增加的产出量是单个运输对象的全程位移。例如,假设其他因素不变,在有空座的航班上增加一人,并不需要为这一增加的客流加开航班,新增的成本几乎只是该旅客的机场建设费用。这就是在假设系统其他条件不变情况下新增旅客的增量成本。

三、平均成本

(一)平均成本或单位成本

同边际成本一样,平均成本是在企业中广泛使用的概念。通过比较平均成本与价格,或平均成本与平均收益,企业就能得知是否可以获利。平均成本(average cost,AC)是总成本除以产品或服务的单位总数,即:$AC = TC / q$。

图 2-2(a)描绘了在不同产出水平上的总成本、固定成本和可变成本。图 2-2(b)画的是边际成本曲线和各种平均意义上的成本概念。

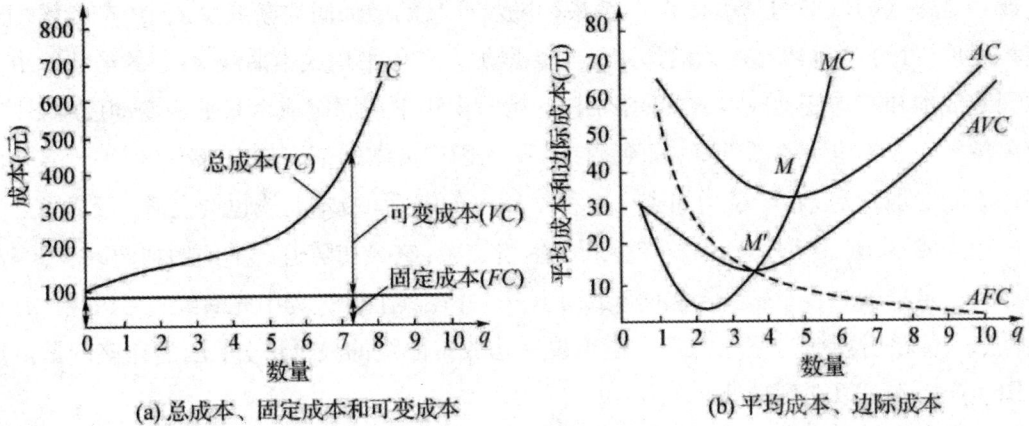

图 2-2 总成本曲线和其他成本曲线

（二）平均固定成本和平均可变成本

正如我们把总成本分解为固定成本和可变成本一样，我们也可以把平均成本细分为平均固定成本和平均可变成本两部分。平均固定成本（average fixed cost，AFC）被定义为：

$$AFC = FC / q$$

由于总固定成本是不变的，因此，除以不断增加的产量，就能得到一条不断下降的平均固定成本曲线。换句话说，当运输供给者提供越来越多的服务，不变的 FC 将为越来越多的运输量所分摊。

图 2-2（b）中的虚的 AFC 曲线是一条双曲线，渐近于两个坐标轴：随着固定成本被更多单位的产出所分担，它逐渐降低，并接近水平轴。如果我们允许产量 q 的单位无限细分，AFC 将从无穷大开始，因为有限的固定成本此时只能分摊到无穷小的声量 q 上。

平均可变成本（average variable cost，AVC）等于可变成本除以产量，或

$$AVC = VC / q$$

（三）最低平均成本

不要将平均成本与边际成本相混淆，这种错误很容易发生。实际上，平均成本可以比边际成本高得多或者低很多，如图 2-2（b）所示。图中也表明，边际成本与平均成本有关：当增加 1 单位产出 MC 的低于 AC，它将平均成本向下拉，AC 将下降；当 MC 高于 AC，它将平均成本向上拉，AC 将上升；在 MC 与 AC 相等的点，AC 不上升也不下降且位于最低点。因此，对于典型的 U 形 AC 曲线，MC 与 AC 相等的点也是 AC 达到最低水平的点，即在 U 形 AC 曲线底部，$MC = AC = AC$ 的最小值。这是一个非常重要的关系，它意味着一个追求最低平均成本的企业应当将其产出的物品置于平均成本与边际成本相等的水平。

运输成本分析要用到微观经济学的一般成本理论，一般成本函数表示企业或产业成本与产量之间的函数关系，根据一般成本理论可以做出短期成本示意图（如图 2-3）。其中平均

固定成本 AFC 随着产量的增加而逐渐减少，当固定总成本不变时，分摊到单位产量上的固定成本是递减的。平均变动成本 ATC 最初随着产量的增加而逐渐减少，但当产量增加到一定程度后，由于边际收益递减的作用又开始增加。单位平均成本曲线 AVC 的形状取决于平均固定成本和平均变动成本的共同作用，开始时由于平均固定成本和平均变动成本下降，因此单位平均成本也在不断下降；而到后期，平均固定成本的下降越来越小，但平均变动成本却在不断增加，所以在产量增加到一定程度后，单位平均成本曲线也会上升，形成"U"字形状。边际成本 MC 是增加一单位产量的成本增加额，它最初随着产量的增加而减少，当产量增加到一定程度时，又随着产量的增加而上升，并在其上升过程中先后经过 AVC 和 AFC 的最低点。经济分析十分注意"U"字形单位平均成本曲线的最低部分，因为在该产量范围内组织生产成本可以达到最低。

第三节　扩展的运输成本概念

一、短期成本和长期成本

（一）短期与长期的界定

按照时间长短的不同，成本函数可以分为短期成本函数和长期成本函数。实际上所谓短期并不一定是指时间很短，而主要是指厂商在一定的生产规模下不能将生产所耗用的某些投入要素的数量加以改变，在短期内，劳动成本和原料成本通常被视为可变成本，而资本成本是固定成本。从长期来看，厂商投入的所有生产要素都可以调整和变动，包括劳动、原料和资本。因此，从长期来看，所有成本都是可变成本，而没有固定成本，因为生产规模发生了变化。

联系本章第一节的内容，说某一项成本是固定的还是可变的，取决于我们所考察的时间的跨度。例如，在短期，航空公司所拥有一定数量的飞机就是一种固定成本。但在长期，很显然航空公司却可以通过买卖飞机等办法来控制其机群的规模。实际上，一个活跃的二手飞机市场的存在已经使得处理不需要的飞机变得相对简单。通常，在短期，我们会认为资本是固定成本，而认为劳动是可变成本。但事实并不一定如此（考虑你所在大学中那些被长期聘用的教师）。当然，一般说来，劳动投入还是比资本投入更容易改变。

回顾一下图 2-2，为什么成本曲线是 U 形的？从短期来看，资本是固定的，而劳动是可变的。在这种情况下，可变要素（劳动）的边际收益是递减的，因为每新增 1 单位的劳动所对应的资本是下降的。因此，产出的边际成本会上升，因为每新增 1 单位的劳动所能带来的产出增量在降低。亦即，可变要素的边际收益递减意味着短期边际成本的递增。这就说明了为什么边际收益递减导致边际成本在某一点之后上升。我们可以将生产率规律与成本曲线之间的关系总结如下：在短期，在像资本那样的要素固定不变时，可变要素一般表现为开始阶段的边际产量递增和随后出现的边际产量递减。与之对应的是，成本曲线表现为开始阶段的边际成本递减和在边际收益递减发生之后出现的边际成本递增。

（二）长期成本曲线

长期生产与短期生产有着密切的关系，厂商长期生产的决策是基于每一相应短期的决策选择逐步形成的，使得生产规模逐渐扩大。长期平均成本曲线也反映了产量与单位平均成本之间的关系，与短期平均成本曲线起伏较大不同的是，从长期来看，企业可以根据不同的产量来调整生产规模（例如运输企业可以根据需求调整车型），从而始终使自己处于较低的平均成本状态。如图 2-4 所示，长期成本曲线（ LAC ）可以表达为若干短期成本曲线（ SAC ）的包络线。大多数企业或产业的长期平均成本曲线也是呈"U"字形，但相对比较平缓。应该注意每一个企业或产业长期平均成本曲线各自具有的低成本生产范围，以便于组织合理规模的企业进行生产。有些产业的长期平均成本曲线"U"字形底部范围很宽，甚至有些长期平均成本曲线的右端不再上翘，说明这些产业具有比较明显的规模经济，即该产业中的企业生产规模越大越合理。具有明显规模经济的产业在经济学中有时也被称作"自然垄断"产业。

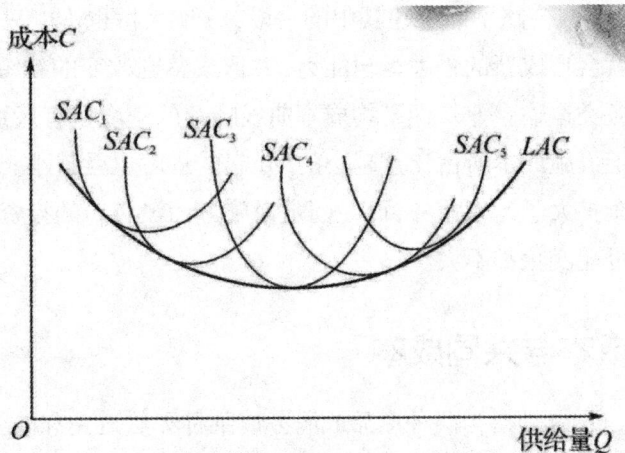

图 2-4 短期平均成本与长期平均成本的关系

（三）运输规模的变动与平均成本曲线

利用一般成本理论进行运输经济分析时需要注意一些特殊问题，固定运输设施的影响就是其中之一。由于固定运输设施常常规模巨大，因此新的固定设施往往会使短期平均成本曲线的形状和位置发生很大改变，这就导致相对于其他一些产业，运输业的长期平均成本曲线可能显得不那么平缓和有规则。图 2-5 给出由一个新的运输固定基础设施投产所引起的平均成本曲线变化示意。

在图 2-5 中 ATC_1 和 ATC_2 分别代表新的固定运输设施建成前后的两条短期单位平均成本曲线，ATC_2 的运输能力远远超过 ATC_1，平均成本也比较低。显然，在运输需求小于 q^* 的情况下, 使用 ATC_1 的规模组织运输更为合理, 而在运输需求大于 q^* 的情况下, 使用 ATC_2 的规模组织运输才更合适。那么在图中沿 ATC_1 和 ATC_2 两条曲线下部形成的粗线就代表了这段相对长时期的平均成本曲线, 它存在着隆起而不那么平缓。

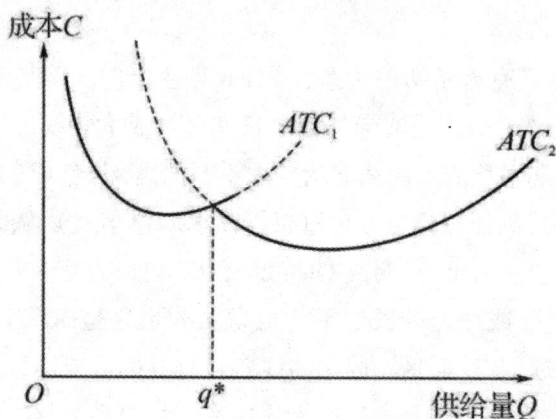

图 2-5 运输设施能力扩大时的平均成本曲线

运输业长期平均成本曲线存在隆起的主要原因, 是运输基础设施到一定程度的不可分割性。例如, 一条铁路或公路不能只建其中的一段, 一座大桥也不能只造一半, 于是投资巨大的工程项目完工就会形成新的强大运输能力, 并形成急剧改变的新短期成本曲线。当然, 不同的运输方式和各类运输企业长期平均成本曲线隆起的程度是有区别的, 一般来说, 固定设施投资越小或固定设施成本所占比重越小的, 隆起的程度也就越小。例如, 一家汽车货运企业仅通过购买新车扩大了运营业务, 而在固定设施方面没有新的投资, 那么它的短期成本曲线的形状和位置可能变化都不大。

二、联合成本与共同成本

联合成本 (joint cost) 是指当两种产品或服务以某种无法避免和改变的比例关系被生产出来时所产生的成本。运输经济学家经常举运输返程回空的例子, 由于没有其他货物, 因此满载的运煤列车由煤矿驶往电厂, 卸载后空车返回, 满载的煤炭运输当然是该铁路的主要产品, 但空列车必须返回煤矿才有可能开始下一次运输, 而且因为列车往返的比例是不变的, 所以返程回空的列车就成了满载煤炭列车的联合产品。于是, 列车空返的成本就是满载列车运输的联合成本, 它们是不可分割的。又如一架 150 座的客机, 在为机上任何一个客座提供飞行服务时, 也就同时提供了其余 149 个客座的飞行服务, 这无法随意改变, 而这 150 个客座的飞行成本也是不可分割的联合成本。联合成本甚至也体现在固定运输设施方面, 例如一条公路建成通车后每天 24 小时都可以使用, 如果硬要把它分成每小时一段的公路使用服务的话, 并且把每天下午 3~4 点那一段的建设成本分离出来, 那也是不可能的, 因为公路不可能只为每天下午 3~4 点建设而不为其他 23 个小时建设, 该公路的建设成本应该是每天 24 小时的联合成本。也有人认为运输产品或服务联合成本的存在是造成运输成本曲线隆起的一个原因,这给运输成本分析增加了一定难度。

共同成本(common cost)是指使用资源提供某一种服务并非不可避免地导致另一种服务的成本。例如一列运货火车有 50 节车厢,这列火车的运输成本对这 50 节车厢来说是共同成本而不是联合成本,原因在于火车的长度是可以改变的,车厢可以多一些也可以少一些,因此从技术上来看这 50 节车厢不是绝对不可分的。共同成本的存在当然也为不同运输产品或服务的成本分担造成了困难,但其原理与联合成本还是有区别的。共同成本可以使其中的某一部分增量成本找到相应的对象,而联合成本中的任何一部分都不可能单独离出来。

第四节　运输成本计算的复杂性

一、铁路运输成本

相对于其他运输方式,铁路单批量运输成本的计算可能是最复杂的。例如为了准确计算一批货物的运输成本,研究人员需要用很长的篇幅来描述有关铁路线方面和列车运行方面的各种支出,他需要弄清列车长度、运行速度、线路等级、运输密度、运行时间、列车是否晚点、车辆的利用率以及所有沿途车站和编组场的情况等等,这比使用卡车运送同样货物的成本计算要复杂得多,实际上这件事几乎无法做到。此外,回空车的存在更增加了问题的复杂性。铁路货车在装运货物从始发地运到目的地卸车之后,往往需要改变地点甚至返回原始发地才能再次装车。如果能马上利用这些卸空车装载货物,那么这些新重车的运行比空车运行只增加很少运输成本;但如果卸空车不能被利用,那么回空车的运行成本就应该计算在上一次(或下一次)装车的货物运输成本之内。回空车还不是单批量运输成本有别于平均运输成本的唯一原因,单批运量在燃料和人工消耗上的差别还要取决于其所使用的不同车型和是否需要其他特殊设备,取决于其所在列车编成的长短,取决于运输线路的坡度和线路质量,取决于运输途中需要经过几次列车的编解作业,取决于线路和编组场上的拥挤程度,取决于该种货物的运输是否存在特殊的管制要求等等。因此,有人估计准确计算某批货物铁路运输成本所需要花费的开支甚至会超过运送那批货物的开支。

二、公共交通工具的运输成本

公共交通系统包括地铁、轻轨、公共汽车、有轨及无轨电车、小公共汽车、出租汽车和轮渡船等等。公交车辆根据使用年限计算的折旧费应该是车辆拥有成本的重要组成部分,但想要准确计算出公交车辆的成本,还应该考虑与这些车辆相联系的机会成本以及当这些车辆不使用时可以节约的维修成本。但是,这些有关数字很难从公布的数据中得到,而且由于基本上不存在公交车辆的旧车市场,因此很难估计有关的价格水平。城市公交车辆拥有成本计算不清还有政府补贴因素的影响。在很多城市,公交的票价收入都不够弥补运营成本,因此通常还需要政府给予财政补贴。由于公交车辆的资本成本中政府补贴占的比重过大,要按照市场价值计算其机会成本就很难。此外,由于很多城市公交车辆是政府购买的,因此其折旧和还贷支出也没有算作车辆的拥有成本。最后,运输方式之间的成本对比应该做到与其成本项目一致,但城市公交的成本计算却很少把乘客乘车所耗费的时间价值计算进去。几乎没有任何一种城市公交的运营不包含以上因素,因此对其运输成本的计算需要进行某种程度的调整。

三、卡车运输成本

卡车运输种类繁多,而且很大一部分卡车是由货主自备用来提供自我服务的,例如农、林、矿业自备车辆。但运输经济界大多更关注营业性卡车的运输成本问题,并总是假设企业自备卡车的运输成本与受雇卡车大体相同,其中的原因部分是因为后者的数据资料相对比较容易获得。营业性卡车的运输成本结构取决于卡车的类型和运输服务的类型。其中,运输服务可分为整车(truckload)运输和零担(less-than-truckload)运输两种类型,它们的运输成本结构也存在着明显差异。由于整车运输企业一般不需要自己的货场和中转设施,因此其车辆在全部财产和费用开支中都占很大比重,而运营成本主要由人力费和燃油费组成,也包括一些车辆维护和保险费用;这正好与零担运输企业的情况相反,后者恰恰需要通过专用的场站设施以便集散及配装许多来源和去向都不同的小批量货物,因此其场站设施与人工费用的比重会大些,而运输车辆开支的比重则会小些。

人们不大愿意在卡车运输成本的计算上花费太多精力,原因在于:

第一,对于整车运输来说,每一趟出车的开支是明摆着的,唯有一些回程车费用处理的麻烦。而且,整车运输市场的高度竞争性也使得运价水平不可能大大高出其成本,由于很多整车运输的货物价值较低,运价即使只上升很小的幅度都可能导致将托运人的利润占为己有,因此运输需求的价格弹性相对较高。卡车被用来在公路上运货,简单看起来相差不大,但实际上公路货运从使用设备和所提供的服务分析,可能是差异性最大的运输形式。

第二,对于零担运输而言,成本计算又可能太过复杂了一点,与铁路十分相似,零担公路货运的网络结构同样会导致幅员经济和密度经济问题。整车货运是直接把货物从发运人处运到收货人处,而典型的零担运输过程却包括:先用短程车辆从多个发运人处收集终到地不同的各种货物,然后在地区中心配载到长途车辆上,再由这些长途车辆运至终到地附近的地区中心,最后才由当地的短程车辆送到收货人处。有时货物需要在地区中心存储若干时间,以便使到另一个地区中心的货物可以充分利用一辆大型长途货车的运力。假如一家零担运输公司并不是同时服务于货物的发送地和收达地,那就还需要与另一家零担公司联运,而这往往会导致花费更长的运送时间。零担运输公司除了要拥有联运营车辆以外,还必须拥有并经营货场或货物中转站，而相对于车辆而言，货场或货物中转站的用工和费用更多。而且，零担运输成本对零担运价的确定又不是决定性的，由于零担货物一般自身价值较高，运价只在整个货物价格中占很小的一部分，其销售的市场范围又往往很大，因此运价的变化即使较高也不会对货主的生产与销售造成太大影响。补充一句，民航固定航班服务的成本结构与公路货运中的零担运输十分相似，而航空业中与公路整车货运相近的是包机服务。

四、小汽车的出行成本

（一）小汽车购买阶段的成本构成

小汽车购买阶段的成本主要包括：车辆购置价格、增值税、购置税、车船使用税、牌照费、验车费等。在购买小汽车时，上述费用需要一次性支付。

（二）小汽车使用阶段的成本构成

小汽车使用阶段的成本包括：固定使用成本、弹性使用成本和折旧费。固定使用成本包括保险费、养路费、小区停车费、保养费、年检费等，其中保险费包括第三者责任险、车辆损失险、不计责任免赔险、全车盗抢险、交强险、玻璃单独破碎险、车身划痕险等；弹性使用成本包括油费、停车费、维修费等。

（三）小汽车出行时间成本

出行时间成本 TTC（trip time cost）是指出行者在整个出行过程中消耗的时间用货币来衡量。小汽车的出行时间成本计算公式为：

$$TTC = \frac{L}{V}Vot$$

式中：TTC ——小汽车出行方式的时间成本（元 / 人）；

L ——小汽车的出行距离（km）；

V ——小汽车的平均速度（km/h）；

Vot ——某地的单位时间价值（元 /h）。

五、卡车运输成本的调查与统计

（一）卡车的分类方法

我们知道，卡车运输成本的关键影响因素是车辆的装载量，因此，公路货运车辆运输成本研究的基础要获悉车辆的实际装载量。但由于公路货运车辆型号繁多，使用状态复杂，加上大吨小标与超载超限运输现象的普遍存在，导致使用车辆行驶证、运货单等记录数据或运用目测判断等传统方法无法有效地获得车辆的真实装载情况，我们需要通过更为直接的途径获取车辆装载量的真实信息。同时，车辆装载量的影响因素主要有车辆载重能力、货运需求、道路情况、法律法规等，其中的决定性影响因素是车辆的载重性能特别是车辆底盘的承载能力。因此，以车辆的轮轴类型进行车型分类可以有效地区分车辆的实际载重范围以建立运输成本与载重量的联系。最后，该分类模式也便于建立公路基础设施成本与车辆运输成本之间的联系。

为了选择可以表征区域公路货运成本特征的车型，需要实施"基于轴型划分的交通量调查"，根据交通组成确定常见轴型，再对常见轴型车辆进行抽样称重调查以获得轴载谱和总重谱数据。称重调查所得的轴载谱一般存在 2 个峰值（空载峰值与装载峰值）。为了滤去调查数据的"噪声"，可以使用最小二乘法通过一定的分布函数对离散型的总重谱数据进行曲线拟合，常用的拟合函数有正态（Gauss）分布（图 2-6）、对数正态分布和 Weibull 分布等。在通过建立总重分布模型之后，取模型对应车辆装载状态的函数均值叫载减去空载状态的函数均值巧空的差值作为该轴型车辆的峰值装载量 x^*_i。

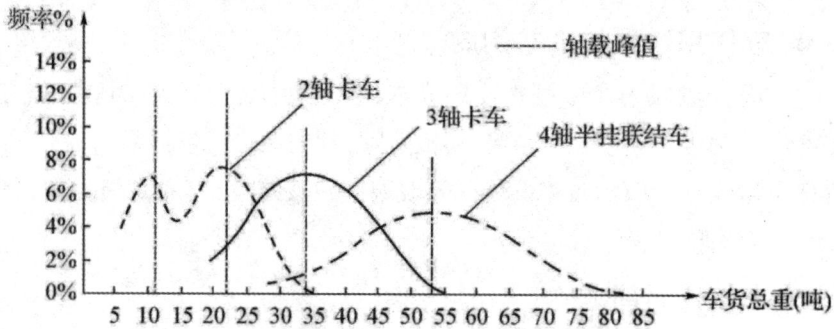

图 2-6 卡车轴型与总重分布示意图

（二）短期运输成本模型

如图 2-7 所示，可以根据各成本项与车辆装载量的关系将某车型车辆的运输成本 TC 划分为固定成本 FC 和变动成本 VC。

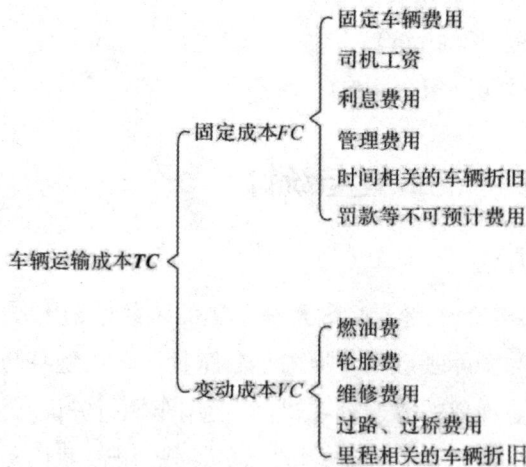

图 2-7 公路货运车辆运输成本分类结构图

令 ATC 为车辆的"平均运输成本"，即某一类型车辆在每行驶一公里时每吨载重的运输成本，则有：

$$ATC(x_i) = TC(x_i) / x_i = \left[FC_i + VC(x_i) \right] / x_i$$

式中：i 为车辆类型，$i = 1,2, \cdots, N$；为 i 车型车辆的装载量，吨；$ATC(x_i)$ 为平均运输成本函数，元／吨公里；$TC(x_i)$ 为 i 车型在装载量为 x_i 时每公里的运输总成本函数，元／公里；FC_i 为与车辆装载量无关的固定运输成本，元／公里，主要包括车辆折旧、管理费用、驾驶员费用、保险以及各项固定税、费等，若超限执法处罚力度与车辆装载量无关，还包括超限处罚；$VC(x_i)$ 为车型 i 在装载量为 x_i 时每公里的变动运输成本函数，元／公里，主要包括燃油费用、轮胎费用和车辆维护费用等，若超限执法处罚力度与车辆装载量有关，还包括超限处罚。

假设某一车型的车辆大多会选择单位运输成本接近最小时的装载量进行运输，那么就可以调查统计出某车型峰值装载量时的平均运输成本为该车型的最小平均运输成本。

$$ATC_i^* = \left[FC_i + VC(x_i^*) \right] / x_i^*$$

式中：x_i^* 为 i 车型车辆的装载量峰值，吨；ATC_i^* 为车型 i 的最小平均运输成本，元／吨公里。

（三）长期运输成本模型

某一时期内，运输市场中某些车型的比重较高，对这些主流车型进行统计分析也比较方便。这似乎意味着运输车辆的短期平均成本曲线是相互离散的。但实际上，不同轮轴类型的主流车型之间还存在着有许多非主流车型，即使是某一轮轴类型的车辆之间也存在着众多差别（例如轴距、车厢板高度的差异等），这些差别均会导致车辆装载能力以及运输成本曲线的差异。车主既可以通过改装原有车辆来增加装载能力，又可以通过更换更大型的车辆来增加装载能力，以便于根据市场情况来调整生产规模并追求平均运输成本较低的运营状态。为了体现车辆运输成本曲线与车辆装载能力的关系，可以引入长期运输成本的概念。根据经济学基本原理，车辆在不同装载能力（L，吨）下的最小平均运输成本曲线即长期平均运输成本曲线（LAC），LAC 即，是不同车型短期平均运输成本曲线的包络线（图2-8）。

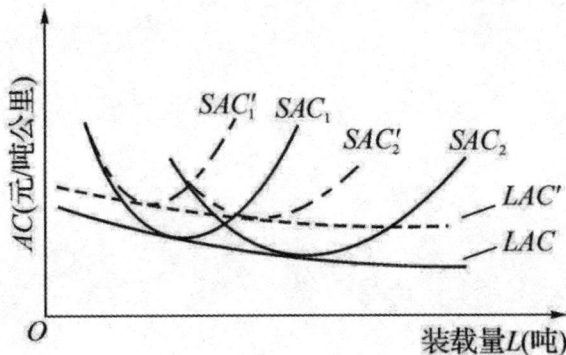

图2-8　长期平均运输成本示意图

 同时,从公路货运行业内外部影响因素的发展来看,各车型短期平均成本曲线是在不断变化的,这将会导致整个公路货运行业的成本水平发生变化。如图 2-8 所示,如果由于某种外部因素使得车辆的短期平均成本曲线由 SAC_i^1 变为 $SAC2$,那么行业的长期平均运输成本曲线也将由 LAC_i^1 变为 LAC_i^1。假定 LAC 服从某一简单函数关系,那么,就无需对市场中所有车型的短期成本曲线进行研究,转而可以通过统计学方法选用合适的函数形式,对主流车型的最小平均运输成本进行数值拟合以获得某一时期公路货运车辆的长期单位运输成本曲线。

第三章 运输价格

第一节 运输价格概述

一、运输价格的定义及其特点

（一）运输价格定义

运输价格是运输劳务的价格，是指运输企业对特定货物或旅客所提供的运输劳务的价格，简称运价。运输价格是运输企业开展运输生产的目的，运输价格的高低，直接关系到运输企业的收入水平。同时运输价格能在一定程度上有效地调节各种运输方式的运输需求，即在总体运输能力基本上不变的情况下，运输需求会因运输价格的变动而改变。

运输价格是运输企业借以计算和取得运输收入的根本依据。因此，运输价格的高低，直接关系到运输企业的收入水平。另外，货物运输价格又是物流总成本中的有机组成部分，它的高低也会影响到企业的生产经营决策。

（二）运输价格的特征

1. 运价率通常随运距延长而递减

对不同的运输距离分别规定不同的运价，是由于运输产品以复合指标即吨千米或人千米为计算单位，因而运输距离也就成为运价结构中的一个重要因素。运价不仅要反映运量的多少，而且还应当与运输距离的远近相适应。

单位运输成本一般随着运输距离的增加而降低，而运价的高低一般是以运输成本为基础来制定的。所以运价按不同距离而有所区别。这主要反映在运价率随运输距离的延长而不断降低，在近距离时降低速度较快，在远距离时降低速度较慢，超过一定距离则不再降低。但总的运输费用，则随着运距的增加而增加。其函数关系为：

运价率 = 固定运输费用 / 运输距离 + 单位运输距离 / 变动运输费用 + 单位利税

2. 运价是一种劳务价格

运价是运输劳务产品价格，只有销售价格这一种表现形式。同时，由于运输产品的不可储存性，因此当运输需求发生变化时，只能通过调整运输能力来达到运输供求的平衡。而在现实中运输能力的调整一般具有滞后性，故而运输价格因供求关系而产生波动的程度往往较一般有形商品要来得大。

3. 货物运价是商品销售价格的组成部分

在外贸进、出口货物中，班轮货物的运价占商品价格的比率为 1.1% ~ 28.4%，大宗而价廉货物其比率可达 30% ~ 50%。由此可见，货物运价的高低，会直接影响商品的销售价乃至实际成交与否。

4. 运价具有按不同运输距离或不同航线而区别的特点

距离运价是我国沿海、内河、铁路、公路运输中普遍采用的一种运价形式。而航线运价则广泛地使用于远洋运输和航空运输中。

5. 运价具有比较复杂的比价关系

因不同运输方式或运输工具会使所运货物的时间、速度等因素上有所差别，而这些差别均会影响到运输成本和供求关系，在价格上必然会有相应的反映，产生了较为复杂的比价关系。

二、运价的种类与结构

（一）运价种类

运价可以从不同的角度，按不同的适用范围和要求划分为不同的种类，下面介绍几种常用的划分形式。

1. 按不同的运输方式划分

我国公路运输价格由各省（市）行政区具体按不同货种、不同运输条件和不同运距分别制定。但大体上各地的公路运输价格均以"吨千米"为计算单位，一般有两种计算标准，一是按货物等级规定基本运费费率，二是以路面等级规定基本运价。当一条运输路线包含两种或两种以上的等级公路时，则以实际行驶里程分别计算运价，如包含特殊道路，如山岭、河床、原野地段，则由承托双方另议商定。

公路运费费率分为整车（FCL）和零担（LCL）两种，后者一般比前者高 30% ~ 50%，按照我国公路运输部门规定，一次托运货物在 2.5 吨以上的为整车运输，适用整车费率；不满 2.5 吨的为零担运输，适用零担费率。凡 1 千克重的货物，体积超过 4 立方分米的为轻泡货物（或尺码货物 Measurement Cargo）。整车轻泡货物的运费按装载车辆核定吨位计算；零担轻泡货物，按其长、宽、高计算体积，每 4 立方分米折合 1 千克，以千克为计费单位。此外，若有包车费率（Lump Sum Rate），即按车辆使用时间（小时或天）计算。

2. 价格划分

按对货物运输价格的管理方式划分具体可分为国家定价、国家指导价、浮动运价和差别运价等几种。目前我国对国有铁路货物运输、水路、公路运输中的救灾等货物、航空运输中的救灾等货物、航空运输中的公布货物运输等均实行国家定价；交通部直属航运企业的计划内货物实行国家指导价；其他均实行市场调节价，下面重点介绍三种运价。

（1）国家定价

由于运输业与国民经济及人民生活各方面的联系广泛，所以运输价格一般采用国家定价的方式。

国家在定价时，应考虑生产经营收入在补偿平均成本或社会成本后，才能获得社会平均利润。如果价格过高，对消费者是一种损害，作为国家，其社会经济职能决定它应力求避免让消费者受到损害。国家制定的价格也不能过低，也应同时考虑运输业的生存与自身的良性循环。

由国家制定的计划价格中的平均成本，必须在全部经营范围内进行核算，例如铁路。对于只限于某一范围的经营，如公路运输，则可由地方的国家物价部门会同运输的主管部门制定地方统一价格，其中的社会成本应在地方内核算，这样使广大的消费者在公平的前提下实现消费。

国家定价具有相对固定性的特征。但是，如果运输业内部存在着供求关系的不平衡，尽管其内部各自的运价反映了平均利润要求，但与消费者的需求评价比例不一致，这时国家就应据此调整两者的内部比价。比如提高铁路的短途运价，相对降低公路运价以引导公路对铁路的分流。

为统一全国汽车运价计算办法，正确执行《价格法》和国家物价政策，促进道路运输业发展，交通部、国家发展计划委员会发布了《汽车运价规则》。

《汽车运价规则》是计算汽车运费的依据。凡是参与营业性汽车运输活动的经营者、旅客、托运人，都应该遵守该规则。

《汽车运价规则》规定的汽车运价包括：汽车货物运价、汽车旅客运价。各省、自治区、直辖市交通主管部门和价格主管部门，可根据该规则制定实施细则，该规则的价目已确定幅度的，必须在幅度内确定价格水平，未确定幅度的由各省、自治区、直辖市价格主管部门和交通主管部门自行确定。

对于政府列入市场调节价的客货运价价目，不受该规则有关基本运价加成幅度的限制。

各级主管部门在制定和调整汽车运价时，应遵循价值规律，反映运输经营成本和市场供求关系，根据不同运输条件实行差别运价，合理确定汽车运输内部的比价关系，并考虑与其他运输方式的比价关系。

（2）浮动运价

浮动运价，一般指为改善企业经营效果，根据运输市场的调节原理，在国家价格政策允许范围内确定的相对有差别的运输价格。

我国地域辽阔，自然条件、经济状况以及运输需求的波动状况有很大的不同，因此运价的调整不能要求各地完全一致，幅度完全相同。也就是说，在实行国家统一定价的同时，还应该发挥市场的调节作用，允许运输企业在国家规定的范围内，实行浮动运价。

1）浮动运价的作用

①由于企业有了价格浮动区间，可以一开始就避免或克服因国家定价测算不准给生产

者或消费者带来的损失。②当运输成本发生变动时,使其价格也有相应的调整空间。③当发生运输供求变动时,使企业能适应市场价格波动。④可促使企业间开展竞争,以提高经济效益和服务质量。⑤可为国家制定与调整运价及相关政策提供重要信息。

2)浮动运价的性质

由于运输企业没有也不可能有完全自主的定价权利,所以只能实行一定的浮动价格。如果企业确定的运价处在价格的允许浮动范围内,那么实际运价就是企业所确定的运价;如果企业确定的运价超出了浮动的范围,则以浮动价格的上限或下限为实际价格。

当然,国家应当合理确定运价的浮动范围。如果浮动幅度相对于供求关系规定得太小,则价格限度必然会被撑紧,各企业都将实际运价定在同一个限度上,无异于统一调价;在供过于求时,价格下限就是一个变相的统一国家定价;在供不应求时,浮动上限就是变相的统一提价。长此以往,将会导致运价的基准价不复存在。

如果浮动幅度定得太大,将使其足以容纳来自不同程度的供求变化的冲击,则意味着浮动运价失去其存在的意义。

3)企业定价方法

对于大多数运输企业来说,其在国家规定的浮动运价内,常常会以成本为主要依据,对企业的运价加以测定。其方法主要有成本加成定价法和盈亏平衡法两种。

成本加成定价法就是估计运输产品的平均变动成本,加上间接费用,再加上一定百分比的利润加成作为价格。

例1:某运输企业计划运量的全部变动成本为100万元,平均变动成本为0.14元/吨千米,间接费用为80万元,则间接费用与全部变动成本的比率为80%,如果企业规定其成本利润率即利润加成为30%,则其运价为:

$$0.14 \times (1+80/100) \times (1+30\%) = 0.327\ 6\ 元/吨千米$$

成本加成定价法的优点是:第一,比较简单易行,不需要估计价格与需求的复杂关系;第二,在价格基本上可保证成本的补偿;第三,各企业都按一定比例加成,可减少由于价格竞争而产生的威胁;第四,会使买卖双方有公平合理的感觉,顾客也可通过加成法了解其价格的构成情况。

成本加成定价法的缺点是:第一,忽视了当前需求状况,而且它采用的成本是会计成本,而不是未来成本,因此它只是一种令人满意的方法,而不是最优方法;第二,即使它比较简单易行,但要合理分摊间接成本还是比较困难的,因为任何的分配方法都不可能是公平合理的。

盈亏平衡法就是确定企业保本运价的方法。其计算式为:

保本运价=[固定成本+(预计周转量×单位变动成本)]/预计周转量

例2:某运输企业其未来一年内的固定成本预计为102 315元,单位变动成本为0.132元/吨千米,预计周转量为1 504 632吨千米,则保本运价测定为

保本运价=[固定成本+(预计周转量×单位变动成本)]/预计周转量

=[1 012 315+（1 504 632×0.132）]/1 504 632

=0.20 元/吨千米

保本运价，一般在季节性供过于求时，为了保本而临时采用的运价。其实，由于固定成本与运输工作量无关，具有不可避免性，所以在季节性供过于求而造成的运价大幅下滑时，只要企业实际运价大于单位变动成本（即可小于保本运价），在短期内也是必要的和可行的。

（3）差别运价

差别运价是指运输提供者根据市场对运输的不同需要层次，制定不同的价格。例如，对于同样重量、同样运距、同样运输条件的两种货物，其运价可以有所不同。

3. 按货物运输适用范围划分

按货物运输适用范围划分具体可分为国内货物运输价格和国际货物运输价格两类。各种不同运输方式对此又有不同的规定。以水路货物运输价格为例，国内货物运价又区分为交通部直属航运企业适用的货物运价和地方水运企业所适用的货物运价；国际货物运价按其适用范围主要有两种：班轮公司运价和双边运价。前者适用于所属班轮公司船舶的货运价格，如中国远洋（集团）公司制定的运价表、中波轮船股份有限公司制定货运价格，如《中国对外贸易运输公司第三号运价表》是中国外运公司代表货方同船方商定的，凡是经外运承办的我国进出口货物，除少数外国班轮运输的货物外，均可适用。

4. 按运输货物种类及批量划分

（1）以货物不同种类划分

可分为普通货物运价、危险货物运价、冷藏货物运价、集装箱货物运价等。其中，在普通货物运价中，一般又按其不同的运输条件和货物本身价值高低等因素划分若干等级。

（2）以货物批量大小划分

一般将其区分为整批货物运价和零担货物运价两种，并规定后者价格高于前者。

（二）运输价格的结构

运输价格一般由运输成本、营业税额和利润构成。运输距离是决定运价的重要因素，通常运价的结构主要包括按货物运输距离的差别来制定、按运输线路来制定或按运输对象的差别定价。一般将前者称为距离运价或里程运价形式，后者称为线路运价或航线运价形式。

1. 距离运价

距离运价即按货物运输距离的远近而制定的价格。目前主要有两种制定运价的形式：均衡里程运价和递远递减运价。

（1）均衡里程运价

均衡里程运价指对同一货种而言，货物运价率（即每吨货物运价）的增加与运输距离的增加呈正比关系，即每吨千米运价不论其运输距离的长短均为一不变值。

公路货物运价之所以采用均衡里程运价形式，主要是因为公路货物运输成本的变化与运输距离的变化有其内在的联系。也即其运输成本的增加（或减少）与运输距离的增加（或减少)基本上成正比,因此,均衡里程运价能够较好地反映运输成本的变化。

公路货物运输的营运过程成本由三部分组成:始发地作业成本、途中行驶成本和终止地作业成本。由于汽车的装载量一般都较小,故始发地、终止地作业成本占全部运输成本的比例很小,在长途运输中亦是如此。而在全部运输成本中占绝大部分的行驶成本,如燃料消耗、折旧费、人员工资管理费用、保险费、税费等与运输时间的长短基本呈正比关系。而同一辆汽车的运输速度是基本固定的,这样,运输距离的长短则与运输时间的多少也基本呈正比关系。其结果,行驶成本的增减与运输距离的长短就有相同的正比关系。这就为采用均衡里程运价提供了理论依据。当然,在实际制定运价时,考虑到短途运输中始发地、终止地作业成本的实际支出,另加一项"吨次费",并作为公路货物运价的组成部分。

即便这样,它在基本运价中所占的比重也很小。故而认为,我国公路货物运价基本上采用均衡里程运价形式。

(2)递远递减运价

递远递减运价是指对同一货种而言,货物运价率即每吨货物运价虽然随运输距离的增加而相应增加,但并不呈正比增加,导致每吨千米货物运价随运输距离的增加而逐渐降低。所谓"递远递减",就是指每吨千米运价随运输距离增加而相应减少。

递远递减运价是运价中的重要形式。其价格形成基础是运输成本中发到作业费不随运输距离的增长而增加,因而单位运输成本也会因运输距离远而呈递减趋势。货物运输成本与运距的关系为:

$$C = \frac{A}{S} + B$$

式中:C —— 每吨千米(吨海里)运输成本;

A —— 每吨货物发到作业费;

B —— 每吨千米的运行作业费和中转作业费之和;

S —— 运输距离。

递远递减运价被广泛应用于我国水路运输(包括沿海和内河)和铁路运输中。这是由于水路、铁路运输方式在营运中发生的成本与运输距离之间的变化关系与公路相比有较大差别的缘故。

在公路运输中,货物在始发地、终止地的作业成本占全部运输成本的比重很小,故每吨千米运输成本基本上不随运输距离的变化而改变。而在水路和铁路运输中,由于运输工具的载重量比汽车大得多,故而在始发地、终止地发生的作业成本也较大。

2.线路运价

是指按运输线路或航线不同而分别确定的货物运价。它被广泛使用于国际海运和航空货物运输中。如前所述,线路运价之所以采用距离运价的形式,主要是因为它能较好地适应运输成本随运输距离变化的规律。但也应该看到距离运价有其不足的方面。

其一,单位运输成本的递远递减规律,应以运输条件相同或基本相同作为前提条件,即运输具有一定的区域性（故可称为"航区运价"形式），否则距离运价便丧失制定基础。

其二，在市场经济条件下，货物运价的形成除运输成本外，还受运输供求关系、各种运输方式的竞争等多种因素的影响。因此，以运输成本为基础的距离运价有时在实际中无法实施。

3.按货物对象的差别来定价

这是指对承运的不同货物制定高低不同的运价。采用这种运价结构的原因，主要是不同种类货物由于本身性质的差异而决定了它们运输成本的差异。不同类型的货物在性质、体积、比重、包装等方面不同，它们所要求使用的车辆、运输服务条件不同，因此，在运输成本上就存在较大差异。

（1）货物的价值不同，实行的运价不同

对于贵重货物的运输，需要特定的运输服务，使得其成本较之一般货物明显升高，因此，贵重货物的运价比一般货物的运价偏高。

（2）货物性质及运输条件不同，运价不同

对于需要特定运输的货物，如长、大、超重、危险、鲜活易腐的货物，由于需要特殊的运输条件和运输工具，所以其运价也高于一般普通货物。

例如，在《汽车运输规则》中规定，一般长、大、笨重货物在整批货物基本运价的基础上加成40%～60%；二级长、大、笨重货物在整批货物基本运价的基础上加成60%～80%；一级危险货物在整批（零担）货物基本运价的基础上加成60%～80%；二级危险货物在整批（零担）货物基本运价的基础上加成40%～60%；贵重、鲜活货物在整批（零担）货物基本运价的基础上加成40%～60%。

（3）货物的比重不同，运价不同

比重不同，同样重量的货物所占体积不一样。因此，比重小的货物影响载重能力的利用程度，所以运价应比普通货物要高。

例如，在《汽车运输规则》中规定，装运整批轻泡货物（指每立方米重量不足333千克的货物）的高度、长度、宽度，以不超过有关道路交通安全规定为限度，按车辆标记吨位计算重量；零担运输轻泡货物以货物包装最长、最宽、最高部位尺寸计算体积，按每立方米折合333千克计算重量。

三、运价的形式

1.计程运价

按整车运输和零担运输分别计算，整车运输以吨千米、零担运输以千克为单位计价。

2.计时运价

以吨位小时为单位计价，适用于特大型汽车或挂车以及计时包车运输的货物。

3. 长途运价

适用于长途运输的货物,实行递远递减的运价结构。

4. 短途运价

适用于短途运输的货物,按递近递增的原则采取里程分段或基本运价加吨次费的办法计算。

5. 公铁联运运价

公路、铁路联合运输的运价。

四、运价的功能

运输业是国民经济的基础设施,运输过程是社会产品生产过程的继续,因此运价体系及运价水平的合理与否,对于国民经济以及人民的生活有着直接的影响,除了起到价格的一般作用外,合理的运价体系及运价水平还可以发挥这样一些经济功能:①有利于促进国民经济的发展。②有利于促进工农业生产合理的布局。③有利于组织合理运输。④有利于促进各种运输方式间的合理分工。⑤有利于提高运输工具的使用效率。

第二节　运输定价

一、定价原则

运输定价要建立在经济学的基本理论的基础上,运输定价要考虑服务价值、服务成本、负担能力、竞争情况和政府政策五个方面的因素。运输定价应坚持以下原则:

（一）反应价格规律的客观要求

运价的制定必须使运输生产过程中所消耗的物化劳动与活劳动都能得到补偿,并保证运输业能够取得全社会的平均利润率,否则运输在生产过程中将无法顺畅进行。

（二）反映供求关系的变化

企业在定价的过程中,应结合市场的需求状况进行适当的价格调整,当市场供不应求时,运输企业可适当地提高定价标准,当运输市场供过于求时,运输企业可适当地降低定价标准。

二、定价理论

随着运输经济学的不断发展和完善,运价的理论和政策的研究也不断地深入,形成了许多的学说和观点,对这些理论进行研究,无疑会对我国运价体系的不断完善具有借鉴意义。

（一）运输成本理论

所谓运输成本理论，即指运价总收入必须足以支付运输业务的全部成本，成本决定运价，价格必须反映价值。否则，运输业的经营活动就无法维持，更不可能有较多的利润进行投资和扩大再生产。

当然这里所说的运输成本不是指特定的、个别的企业运输成本，而是指某个范围内的社会运输成本。

（二）运输价值理论

运输价值理论，它是根据运输对象的负担能力决定运价，也就是指运输利用者所承认的并愿意为之负担的运输价值。

运输价值理论主张运价上的差别，即高价商品的运价应高于低价商品，因为运价在高价商品的价格中所占比重小于在低价商品中所占的比重，高价商品的运输负担能力高于低价商品。当然这一理论未考虑运输对象所发生的直接成本。高价商品的运价可能大大高于运输成本，使运输企业获得较大的利润，而低价商品的运价则可能低于运输成本。这在实际上起到了再分配的效果。

（三）边际成本理论

边际成本理论，主张从经济资源的最佳分配这一立场来决定运价。其论点为：根据产品价格与其边际成本一致的原则来决定运量，整个社会便会形成最佳运输量，获得最佳经济效益。

边际成本是指每变动一个单位产量所变动的成本，如果成本增加，则可称为新增成本。由于企业最关心的是找到一个能获得最大利润的运量，故而对因运量变动所发生的新增成本十分重视，甚至不亚于对平均成本的重视。如果价格高于边际成本，则增加产量，产生的社会价值将高于使用资源的价值，这对整个社会将是有利的，企业也能从中获得利润；如果价格低于边际成本，则减少产量，导致节约的资源价值大于减少了的产量的价值，这样，资源便可以转到其他生产上去，从而使资源得到最佳分配。因此，在由边际成本理论制定的运价指导下所决定的运输供应量，要正好和需求相一致。

以上三种理论中的运输成本理论所形成的价格是供给价格，它所表示的是运价的最低限度。而运输价值理论所形成的价格是需求价格，它所表示的是运价的最高限度。如果运输价格高于由运输价值理论所决定的价格，则运输利用者将会无力承担；如低于运输成本理论所决定的价格，则运输业自身会无法生存。因此，实际的运价应介于两者之间。

三、定价方法

在运输业定价的理论主要有：最大利润定价法、其他利润导向定价、社会福利导向定价、其他定价方法等。下面介绍几种比较有代表性的定价方法：

（一）完全竞争市场

完全竞争市场属于最大理论定价法，主要是指：交换和竞争没有任何阻力和干扰的理想化市场，构成完全竞争市场的假定条件主要有：①每一个产品或服务市场都有众多的生产者和消费者。②每一项产品或服务是同质的。③所有产品的成本和效益都是内部化的。④生产者和消费者都具有充分信息。⑤不存在交易成本，任何市场的进入和退出都是无成本的。⑥所有产品和服务都处在成本递增阶段。在这种理想的市场状态下，运输市场上的价格是由运输需求方与运输供给方共同决定的，竞争的趋势使需求与供给达到均衡状态，供给曲线与需求曲线相交的点就是均衡点，与其相对应的运价为均衡运价，与其相对应的运量为均衡运量，在这一价格水平上，生产是最优的，价格是最优的，效益也是最优的。

（二）平均成本定价法

平均成本定价法属于利润导向定价，是指企业在竞争（尤其是完全竞争）或受到政府管制时，常将价格定于平均成本处，此时企业获得正常利润。平均运输成本是定价的最低界限。

运输收入在补偿平均运输成本后，还需要留有必要的利润以维持和促进运输业的发展，因此，以平均运输成本定价应是运输部门的平均成本加上一定比例的利润，它是根据单位产品（劳务）平均成本的变化，确定在不同运量条件下产品价格的方法。以公式表示即为：

$$P = \frac{F}{Q} + Cv + r$$

式中：P —— 运价；

F —— 固定总成本；

Q —— 运量；

Cv —— 单位变动成本；

r —— 单位运量的利润。

这种理论考虑了运输业从事运输生产的劳动消耗，操作起来比较简单。它一般适用于运输市场不十分活跃，竞争不太激烈，并且货源比较稳定的运输方式或运输线路。

这种定价方法存在的问题：

第一，没有考虑和反映运输市场上供求关系与运价之间的相互关联和影响，在运输需求发生变化时，不能灵活地调整运价以适应市场状况。

第二，没有考虑成本差异对定价的影响。运输业的实际成本除了受材料、燃料、职工工资以及经营管理水平的影响外，还与线路（路面）质量、地理环境、货源情况等因素有关，因此，即使是同一种运输方式，在不同地区、不同线路上成本也有较大差异。这些差异并不是由于企业经营管理造成的，因此，以平均运输成本定价必然造成各个地区、各条线路由于运输成本不同而产生的盈利差异，长期下去，会导致这些地区线路运输的发展滞后、萎缩及消失。

第三，有时会导致运价的严重扭曲。公路以省、自治区、市平均成本定价，水运以航线、航区平均成本定价。这些运价,有的反映了实际成本,而有的却偏离实际成本很多,因此,各种运输方式运价以及它们之间的比价关系都会出现不同程度的扭曲。

(三)边际成本定价

边际成本定价是指这样一种定价规则,厂商或国有企业使得价格等于边际成本。边际成本定价法也叫边际贡献定价法,该方法以变动成本作为定价基础,只要定价高于变动成本,企业就可以获得边际收益(边际贡献),用以抵补固定成本,剩余即为盈利。其计算公式为

$$P = (Cv + M)/Q$$

式中: P —— 单位产品价格;

Cv —— 总的变动成本;

Q —— 预计销售量;

M —— 边际贡献。

如果边际贡献等于或超过固定成本,企业就可以保本或盈利。这种方法适用于产品供给过于求、卖方竞争激烈的情况。在这种情况下,与其维持高价,导致产品滞销积压,丧失市场,不如以低价保持市场,不计固定成本,尽量维持生产。

边际成本也可以指增加单位运量而引起的总成本的增加量。在生产规模不变的情况下,边际成本实际上就是增加的可变成本,它是随着运量的变化而变化。

边际成本是总成本对运量的导数,即:

$$MC(边际成本) = \frac{\mathrm{d}TC}{\mathrm{d}Q}$$

式中: TC —— 运输成本;

Q —— 运输周转量。

例如,某运输企业某月份完成的运输周转量为 5 000 万吨千米,运输总成本 100 万元,则单位运输成本为 0.02 元/千米。当运输增至 5 200 千米时,总成本增加了 10 万元,达到 110 万元,这时的平均成本是 0.021 元/千米,而新增周转量的单位成本为 0.05 元/千米,这 0.05 元/千米就是边际成本。

在通常情况下,运输业的边际成本是很低的,例如,在未满载汽车上,再增加一名旅客的边际成本几乎是零。一般当边际成本与边际收入相等时,企业的利润最大,在实践操作中,多以变动成本代替边际成本。

边际成本的定价方法比较适合运输业的特点。一些线路货源不足,运能过剩。这时它的平均运输成本可能较高,而边际成本却可能很低。如果按平均成本定价,一方面抑制了运输需求;另一方面也会造成运输设备闲置,运输资源浪费。如果以边际成本定价,由于成本水平相对较低,不仅可以促进运输需求,还可以提高运输设备的利用率,提高运输收益。边际成本定价法不仅考虑了成本消耗,也考虑了市场上运输供求状况,它可以满足制定分线运价、分区运价的需要。

（四）完全成本定价理论

完全成本定价法是按产品单位成本制定产品价格的方法。但是，大多数企业是按成本利润来确定所加利润的大小的，即完全成本加成定价法。即：

价格 = 单位成本 + 单位成本 × 成本利润率 = 单位成本（1+ 成本利润率）

例如，某企业全年生产某种产品 10 万件，产品的单位变动成本 10 元，总固定成本 50 万元，该企业要求的成本利润率 20%，则：该产品的价格 =（10+5）×（1+20%）=18（元）。

由此可见，在产品单位成本一定的条件下，制定产品价格的关键在于确定成本利润率。不同的产品加成比例不同，企业一般以同类产品的加成比例为参考依据进行加成。完全成本加成定价法是企业较常用的定价方法，它有以下优点：①计算方法简便易行，资料容易取得。②根据完全成本定价，能够保证企业所耗费的全部成本得到补偿，并在正常情况下能获得一定的利润。③有利于保持价格的稳定。当消费者需求量增大时，按此方法定价，产品价格不会提高，而固定的加成，也使企业获得较稳定的利润。④同一行业的各企业如果都采用完全成本加成定价，只要加成比例接近，所制定的价格也将接近，可以减少或避免价格竞争。

但是，完全成本加成定价法是典型的生产者导向定价法。现代市场需求瞬息万变，竞争激烈，产品花色品种日益增多。只有那些以消费者为中心，不断满足消费者需求的产品，才有可能在市场上站住脚。因此，完全成本加成定价法在市场经济中也有其明显不足之处：①完全成本加成法忽视了产品需求弹性的变化。不同的产品在同一时期，同一产品在不同时期（产品生命周期不同阶段）、不同的市场，其需求弹性都不相同。因此产品价格在完全成本的基础上，加上一个固定的加成比例，不能适应迅速变化的市场要求，缺乏应有的竞争能力。②以完全成本作为定价基础缺乏灵活性，在有些情况下容易做出错误的决策。③不利于企业降低产品成本。

为了克服完全成本加成定价法的不足之处，企业可按产品的需求价格弹性的大小来确定成本加成比例。由于成本加成比例确定得恰当与否，价格确定得恰当与否依赖于需求价格弹性估计的准确程度。这就迫使企业必须密切关注市场，只有通过对市场进行大量的调查，详细地分析，才能估计出较准确的需求价格弹性来，从而制定出正确的产品价格，增强企业在市场中的竞争能力，增加企业的利润。

以需求价格弹性确定成本加成比例的定价方法与完全成本加成定价法相比的另一优点是以变动成本为定价基础。这样可以避免按完全成本定价可能带来的错误决策，变动成本为价格的最低经济界限。如前例，只要价格不低于单位变动成本 10 元，就可以为企业增加利润。

以需求价格弹性确定成本加成比例的定价方法还有利于企业不断降低产品成本。在激烈的市场竞争中，产品成本的降低，一方面可以增加企业的利润，另一方面企业可以在产品价格上掌握主动权，从而增强企业在市场的竞争能力。

四、我国运价的制定

（一）制定运价的方法

在我国制定运价的方法一般需要经过以下步骤：

1. 货物分类

对货物进行运价分类，实际是对众多货物品种化繁为简。一般来说，货物分类数不宜太多，否则会使运费计算复杂化；也不宜过少，否则各类货物特性及运价差别无法正确体现。

2. 确定运价基数

运价基数一般是指最低运价等级的起码计算里程的运价率，这是制定货种别、距离别不同运价率的基础，也是决定各个运价率水平的主要因素。确定运价基数，首先要确定货物起码计费里程。

3. 确定级差率

在货物运价中，按货种别的差别运价是通过货物分类和确定级差率来体现的。在我国现行运价制度中，水运和公路运输采用分级制，它们是以运价基数为基础，考虑运价等级的运价率。各级运价的级差率应保持合理的水平，各级运价主要货物的运输成本是确定相关运价率的最主要依据。

4. 划分里程区段

里程区段的划分：一是确定划分多少个区段，二是确定每个区段包括里程的长短。一般的原则是既要简化运价制度，适当延长里程区段，又要保证各里程区段运价的合理性。

（二）我国运价的制定

运价的基础是运输产品的价值，运输产品的价值与其他商品一样，也是由生产过程中消耗的生产资料的价值（C），劳动者为自己劳动所创造的价值（V），以及劳动者为社会所创造的价值（M）三部分组成的，公司如下：

$$运输产品价值 = C + V + M$$

运价的构成是以价值的构成为基础，价格构成是价值构成的货币转化形态。

与价值的三个组成部分相对应，价格也由三个部分组成。即已消耗的生产资料的价值（C）的货币形态即物质消耗支出；劳动者为自己创造的价值（V）的货币形态即工资支出；劳动者为社会劳动所创造的价值（M）的货币形态即赢利。粗略地说，物质消耗和工资支出之和通称为成本，而赢利可分解为利润和税金。所以运输价值与运输价格的关系可用下式表达：

$$P = C + V + M = F + T + K$$

式中：P —— 运价；

　　　F —— 运输成本；

　　　K —— 运输利润；

T ——运输营业税金。

由于运输营业税金 T 与税率 r 和运价 P 的关系为：

$$T = Pr$$

$$P = \frac{F + K}{1 - r}$$

运价构成中的利润,是运输企业为社会劳动的价值货币表现中的一个重要组成部分。在市场经济中,由于部门与部门之间、企业与企业之间存在一定程度的竞争,从而使得资金在一定程度上可以在行业间转移,并通过竞争和调整,使得利润在各个部门之间不断趋向于平均化。显然,这种利润水平的部门之间平均化是制定运价的基础。关于利润分配的基础,在这里主要介绍三种观点：

1. 按社会平均工资利润率确定货物运价中的利润水平

设社会工资总额为 $\sum V$,利润总额为 $\sum M$,社会工资利润率为：

$$W = \frac{\sum M}{\sum V}$$

工资利润率 W ,反映劳动者为社会的劳动与为自己的劳动之间的比例关系。若运输部门平均工资为 V ,则运价中的利润为：

$$K = V \cdot W$$

从而,运价 P 可用下式表示

$$P = \frac{F(1 + Q)}{1 - r}$$

主张按这种方法来确定利润的基点是：全社会的利润是由活劳动创造的,因此社会利润在各个部门之间的分配,也应按活劳动消耗的多少来进行,而工资量的大小,基本反映了产品中活劳动的消耗,因而能大体上符合产品的价值。

但是,必须看到其本身的不足之处：①现行的工资结构并不能准确反映活劳动消耗的比例关系,有许多问题在短期内不可能得到解决。②这种方法不能适应现代化大生产发展的需要,因为价格中的利润水平并不反映资金占用量的大小,投资越大,越是现代化的部门,因其工资总额比重较低,计算出的利润反而越少。③各个部门提高劳动生产率,节约活劳动越多,利润越少,而投资越少,手工劳动比重大的部门则处于有利地位。因此,不利于淘汰落后的工艺,以及先进技术的开发利用。④投资不以资金利润率作为选择标准,必然不利于投资的回收,从而加剧资金的紧张。

所以这种方法对投资额较大的运输业来讲,是不太适宜的。

2. 按社会平均成本来确定货物运价中的利润水平

r 按社会平均成本来确定货物运价中的利润,是基于企业的利润与生产成本之间存在一定的比例关系。

设社会成本总额为 $\sum F$,利润总额为 $\sum M$,则社会平均成本利润率 Q 为:

$$Q = \frac{\sum M}{\sum F}$$

设运输部门的平均成本为 F ,则运价中的利润为:

$$K = F \cdot Q$$

从而运价为

$$P = \frac{F(1+Q)}{1-r}$$

这种方法的最大优点是既反映物化劳动,又反映活劳动的消耗,确定利润也简便易行。所以,我国在制定运价时常沿用这种方法。

当然,这种方法也有其不足之处:①没有反映资金占用情况;②原材料成本高的部门其利润水平过高;③容易造成利润的重复计算。

3. 按社会平均资金利润率来确定运价中的利润水平

设社会产品占用资金总额为 $\sum H$,利润总额为 $\sum M$,则社会平均资金利润率 Y 为:

$$Y = \frac{\sum M}{\sum H}$$

设运输部门平均占用资金为 H ,则运价中的利润为:

$$K = H \cdot Y$$

从而运价为: $P = \frac{F + HY}{1-r}$

按照社会平均资金利润率制定的价格也称为生产价格,按生产价格定价,充分考虑的因素,即任何生产不仅要消耗一定的物质资料,而且要占用一定的物质资料,因此可从整个国民经济效益的角度来评价生产单位的经济活动,进而为社会考虑投资方案提供了一个合理的经济标准。

以平均资金利润率确定运价,其优点是:第一,可以促使企业采用新技术,提高劳动生产率,从而使资本有机构成高的部门得到较多的利润,有利于促进技术进步;第二,有利于选择投资方向,提高投资收益。

运输部门是资金占用较多的部门,因此可按平均资金利润率来制定价格。按社会平均资金利润率来确定运价,也有一定的局限性:第一,由于这种方法不考虑活劳动的使用效率,因而不利于劳动资源的节约和合理配置;第二,由于这种方法没有考虑平均工资水平的因素,所以将使有机构成较低部门的劳动者只能分享较少的奖励和福利基金;第三,在具体计算上存在一些难以解决的困难,例如对于同时提供多种运输劳务作业的运价,其在固定资金占用费和流动资金占用费的分摊上,难以做到公平、合理;第四,对运输业来说,各种运输方式的资金占用量差别较大。比如铁路运输,其企业固定资产范围明显不同于道路、航空、水路等运输企业，它不仅包括运输工具（机车车辆），也包括与运输工具相关的配套设施（线路、桥梁、隧道、通信信号等）。如果各种运输方式均用统一的资金利润率来确定运价，就难以使其客观合理。

第四章 运输保险与保价

在运输过程中，常常会因为不可抗力或承运人的过失而使货主的货物或者旅客的财产受到损失，甚至会威胁到旅客生命的安全。为了在损害发生后得到足够的赔偿，使损失减小到最少，旅客或货主可以选择参加运输保险或保价运输。

第一节 运输保险

运输保险是以处于流动状态下的财产作为保险标的的一种保险，包括运输货物保险和运输工具保险。这两种保险的共同特点是：保险标的处于运输状态或经常处于运行状态，与火灾保险的保险标的要求存放在固定场所和处于相对静止状态有区别，因此而不能被火灾保险包容。

运输保险业务的内容包括：运输货物保险、机动车辆保险、船舶保险、航空保险、摩托车保险等，在整个财产保险业中占有十分重要的地位。

一、保险概述

（一）保险的定义

"保险"一词具有"稳妥可靠"，"保证安全"等多种含义。但"保险"作为一个专用的术语，迄今还没有统一的定义，一般认为是一种经济补偿手段，是对危险造成的损失进行补偿的制度。我们可以从广义和狭义两个角度来认识。

广义的保险是指保险人向投保人收取保险费，建立专门用途的保险基金，并对投保人负有法律或合同规定范围内的赔偿或给付责任的一种经济保障制度；狭义的保险特指商业保险，即通过合同形式，运用商业手段，由专门机构向投保人收取保险费，建立保险基金，用作对被保险人在合同范围内的财产损失、人身伤亡以及年老丧失劳动能力者给付保险金的一种经济保障制度。

可见，保险既是一种经济制度，同时也是一种法律关系。从经济角度讲，保险是以概率和大数法则为数理基础，集合多数单位和个人共同建立保险基金，用来在发生自然灾害和意外事故时，对保险人的财产损失给予经济补偿或人身伤亡给付保险金的一项制度。或者说，它是指人们为了保障日常生产和生活的稳定，对同类危险事故发生所造成的损失或经济需要，运用多数单位的力量建立保险基金并根据合理的数学计算建立的经济补偿制度或金钱给付的安排,从法律角度讲,保险的含义是由相关法律给予明确的。我国《保险法》第二条对保险的定义是:"本法所称保险,是指投保人根据合同约定,向保险人支付保险费,保险人对于合同约定的可能发生的事故因其发生所造成的财产损失承担赔偿保险金责任,或者当被保险人死亡、伤残、疾病或者达到合同约定的年龄、期限时承担给付保险金责任的商业保险行为"。

(二)保险的分类

迄今为止,世界各国对保险的分类尚无统一标准,只能从不同的角度进行大体上的分类。比较常见的分类标准有按保险性质、按保险标的、按实施形式和按风险转移层次分类。

1. 按保险性质分类

按保险性质的不同,可分商业保险、社会保险和政策保险三类。

(1)商业保险(Commercial Insurance)

是指投保人与被保险人订立保险合同,根据合同约定,投保人向保险人支付保险费、保险人对可能发生的事故因其发生所造成的损失承担赔偿责任,或者当被保险人死亡、疾病、伤残或者达到约定的年龄期限时给付保险金责任的保险。目前,一般保险公司经营的财产保险、人身保险、责任保险、保证保险均属商业保险。

(2)社会保险(Social Insurance)

是指国家通过立法对社会劳动者暂时或永久丧失劳动能力或失业时提供一定的物质帮助以保障其基本生活的一种社会保障制度。当劳动者遇到生育、疾病、死亡、伤残和失业等危险时,国家以法律的形式由政府指定的专门机构为其提供基本的生活保障,将某些社会危险损失转移给政府或某个社会组织。

(3)政策保险(Policy Insurance)

是指政府由于某项特定政策的目的,以商业保险的一般做法而举办的一种保险。例如,为扶助农牧、渔业增产增收的种植业保险与养殖业保险;为促进出口贸易的出口信用保险。政策保险通常由国家设立专门机构或委托官方或半官方的保险公司具体承办。

2. 按保险标的分类

所谓"保险标的"或称"保险对象",是指保险合同中所载明的投保对象。在商业保险中,按不同的标的,广义上可分为财产保险和人身保险两大类;狭义上可细分为财产保险、责任保险、信用保证保险和人身保险四类。

(1)财产保险(Property Insurance)

是指以各种有形财产及其相关利益为保险标的的保险,保险人承担对各种保险财产及相关利益因遭受保险合同承保责任范围内的自然灾害、意外事故等风险所造成的损失负赔偿责任。财产保险的种类繁多,主要有以下几种:海上保险、运输货物保险、运输工具保险、火灾保险、工程保险、盗窃保险、农业保险等。

(2)责任保险(Liability Insurance)

其标的是被保险人依法应对第三者承担的民事损害赔偿责任或经过特别约定的合同责

任。在责任保险中,凡根据法律或合同规定,由于被保险人的疏忽或过失造成他人的财产损失或人身伤害所应负的经济赔偿责任,由保险人负责赔偿。常见的责任保险有以下几种:公众责任保险、雇主责任保险、产品责任保险、职业责任保险等。

（3）信用保证保险（Credit&Surely Insurance）

其标的是合同的权利人和义务人约定的经济信用。信用保证保险是一种担保性质的保险。按照投保人的不同,信用保证保险又可分为信用保险和保证保险两种类型。信用保险的投保人和被保险人都是权利人,所承保的是契约的一方因另一方不履约而遭受的损失;保证保险的投保人是义务人,被保险人是权利人,保证当投保人不履行合同义务或有不法行为使权利人蒙受经济损失时,由保险人承担赔偿责任。目前,信用保证保险的主要险种有:雇员忠诚保证保险、履约保证保险、信用保险等。

（4）人身保险（Personal Insurance）

是以人的身体或生命作为标的的一种保险。人身保险以伤残、疾病、死亡等人身风险为保险事故,被保险人在保险期间因保险事故的发生或生存到保险期满,保险人依照合同规定对被保险人给付保险金。由于人的价值无法用货币衡量,具体的保险金额是根据被保险人的生活需要和投保人所支付的保险费由投保人与保险人协商确定的。人身保险主要包括:人寿保险、健康保险、人身意外伤害保险等。

3. 按保险的实施形式分类

按保险的实施形式,保险可分为:强制保险与自愿保险。

（1）强制保险（Compulsory Insurance）

又称法定保险,是指国家或政府根据法律或行政法规的规定在投保人和保险人之间强制建立起来的保险关系。这种保险依据法律或行政法规的效力,而不是投保人和保险人之间的合同行为而产生。

（2）自愿保险（Voluntary Insurance）

又称任意保险,是由投保人和保险人双方在平等自愿的基础上,通过协商订立保险合同并建立起保险关系的。在自愿保险中,投保人对于是否参加保险,向哪家保险公司投保,投保何种险别,以及保险金额、保险期限等均有自由选择的权利。在订立保险合同后,投保人还可以中途退保,终止保险合同。至于保险人也有权选择投保人,自由决定是否接受承保和承保金额。在决定接受承保时,对保险合同中的具体条款,如承保的责任范围、保险费率等也均可通过与投保人协商决定。自愿保险是商业保险的基本形式。

再保险的投保人本身就是保险人,即原保险人（Original Insurer）,又称保险分出公司（Ceding Company）,再保险业务中接受原保险人转让保险责任的人,为再保险人或称保险分入公司（Ceded Company）,按照我国《保险法》规定:再保险分出人应当应再保险接受人的要求将其自负责任及原保险的有关情况告知再保险接受人;再保险接受人不得向原保险的投保人要求支付保险费,原保险的被保险人或者受益人,不得向再保险接受人提出赔偿或者给付保险金的请求,再保险分出人不得以再保险接受人未履行再保险责任为由,拒绝履行或者迟延履行其原保险责任。

目前,保险业务在我国发展迅速,如中国人寿保险公司、中国平安保险集团、中国太平洋保险集团、中国人民保险集团公司和中国出口信用保险公司等。保险公司在承保的保险事故发生后,保险单受益人提出索赔申请,根据保险合同的规定,对事故的原因和损失情况进行调查,并且予以赔偿的行为。

(三)保险单

1. 保险单概述

保险单简称为保单,是保险人与被保险人订立保险合同的正式书面证明。保险单必须完整地记载保险合同双方当事人的权利义务及责任。保险单记载的内容是合同双方履行的依据。保险单是保险合同成立的证明。但根据中国《保险法》规定,保险合同成立与否并不取决于保险单的签发,只要投保人和保险人就合同的条款协商一致,保险合同就成立,即使尚未签发保险单,保险人也应负赔偿责任。保险合同双方当事人在合同中约定以出立保险单为合同生效条件的除外。在实践中,一般是投保人缴纳保费后,保险公司才签发保险单,但在特殊情况下,保险公司也愿意事先签发保险单,允许投保人在事后一段时间内缴纳保险费(如保险公司为了挽留住大客户,允许其在保险单签发之日起多少天内缴纳保险费)。

2. 保险单的内容

保险单必须明确,完整地记载有关保险双方的权利义务,保单上主要载有保险人和被保险人的名称、保险标的、保险金额、保险费、保险期限、赔偿或给付的责任范围以及其他规定事项。保险单根据投保人的申请,由保险人签署,交由被保险人收执,保险单是被保险人在保险标的遭受意外事故而发生损失时向保险人索赔的主要凭证,同时也是保险人收取保险费的依据。

3. 保险单的法律效力

在保险单中对投保人的交费情况与保险单的效力也作了相应的说明。就目前了解的情况而言,保险公司在保险单中就上述事项的说明有以下几种不同的表述,虽然字词相差不大,但对保险单会产生不同的法律效力,继而影响保险公司是否应该承担赔偿责任。

(1)保险费交清之前发生的事故,保险人不承担赔偿责任

该特别约定为免责条款,投保人交清保费之前,保险合同已经成立并合法有效,保险费交清之前发生的事故属于保险合同中约定的赔偿范围,但是由于有以上规定,保险公司享有免责事由,保险公司可以此免责事由拒绝赔偿。而且,保险公司可以根据已生效保险合同的约定,向投保人继续索要保险费。投保人补交保险费后,对之后还在保险期间内发生的保险事故,保险公司则应该承担赔偿责任。需要注意的是,上述免责条款应该向投保人明确说明,否则不产生法律效力。

(2)保险费交清之前,保险单不生效。

该特别约定为附生效条件的条款,保险费交清之前,保险单已经成立,但是并没有生效。

也就是说,只有投保人交清了保险费,保险单才生效,保险单生效的条件就是投保人向保险公司缴纳保险费。对保险费交清之前发生的事故,由于保险单并没有生效,保险公司无须承担赔偿责任。当然,保险公司也不能以没有生效的保险合同向投保人索要保险费。

(3)保险费交清之前,保险单无效。

该特别约定是当事人意思表示错误的结果。保险单是否无效,只能看保险单约定的内容是否违反了法律、行政法规的强制性规定,如果是,则保险单无效,否则保险单不会产生无效的法律后果。也就是说,保险单的无效不是当事人所能约定的,其只能根据相应的法律、行政法规来判断。在实践中,应根据案件的具体情况来解释当事人的真实意思表示,如当事人的真实意思表示为保险费交清之前,保险单不生效的,则当事人的真实意思表示为保险合同附生效条件的条款。

(4)投保人自起保之日起五日内交清保险费,否则保险单失效。

该特别约定为合同终止条款,保险合同自保险公司签发保险单之时生效。投保人在起保之日起(保险单签发之日)五日内没有交清保险费的,保险合同还是生效的,在此期间发生的保险事故的,保险公司依然要承担赔偿责任。但是,从起保之日第六日起,投保人还没有缴纳保险费的,保险合同的效力就终止了,在此期间发生的保险事故,保险公司无须承担赔偿责任,也无权向投保人索要保险费。

二、运输保险概述

运输保险是指在运输生产过程中,由于意外事故、自然灾害而给承运人的货物、旅客、运输工具、乘务人员、第三人造成的损失给予补偿的各种保险的总称,包括货物运输保险、运输工具保险、旅客人身意外伤害保险等。

(一)运输保险的分类

1. 运输货物保险分为海上、内河、航空、陆上和多式联运等多种方式

据此,运输货物保险亦可以被划分为水路运输货物保险、陆上运输货物保险和航空运输货物保险及联运险等。联运险是指运输货物需要经过两种或两种以上的主要运输工具联运,才能将其从起点地运送到目的地的保险。

根据运输货物保险的承保范围,它又可以分为国内运输货物保险和涉外运输货物保险。前者系货物运输在国内进行,后者则是货物运输超越了一国国境。

2. 运输工具保险是以各类运输工具

如汽车、飞机、船舶、火车等为保险标的的保险。因此,运输工具保险的适用范围亦相当广泛,包括客运公司、货运公司、航空公司、航运公司以及拥有上述运输工具和摩托车、拖拉机等机动运输工具的家庭或个人,均可以投保运输工具保险类的不同险种,并通过相应的保险获得风险保障。

（二）运输保险的意义

1. 有利于交通运输事业的发展

保险具有积累资金的功能，通过开展保险业务，可把分散的少量资金集中起来，组成雄厚的资金，对难以预料的意外的财产损失用长期积累的保险基金来补偿，这样就可以使遭受灾害的个别投保人的损失，变成由全体投保人共担。可见，通过开展运输保险，可使受灾的个别单位能够迅速恢复生产，从而保证运输事业的健康发展。

2. 保障交通运输事故中受害者的合法权益

交通运输安全管理无论如何周密，仅能减少事故发生。但事故发生必然会引起人民生命财产的损失。如何使受害者的损失得以赔偿，《中华人民共和国民法通则》(简称《民法通则》) 对交通运输事故造成他人损害，规定了由侵权人进行赔偿的制度。但上述规定有时并不能使受害者得到足额赔偿。以货物运输为例，当货物在运输过程中发生灭失、毁损时，货主希望能够得到全额赔偿。而根据有关规定，若货物损失是由不可抗力造成的，则承运人可以免责，即货主将得不到赔偿。即使是由承运人的责任造成的损失，承运人一般也仅在一定的限额范围内按实际损失赔偿，即在大多数情况下，货主都不能得到全额赔偿。为了解决上述矛盾，并将运输中的风险向社会转移，各国普遍都规定了货物运输保险制度，即货主通过参加货物运输保险，在发生交通运输事故后，由保险公司负责赔偿，从而保证了受害者的合法利益。在道路交通中实行的强制责任保险制度，也是为了切实保护交通事故受害人的合法权益。

3. 有利于安定人民生活

保险被人们称为"精巧的社会稳定器"，建立保险制度的目的就在于为人民生活的安定提供经济保障。保险之所以具有安定社会的作用，是因为在社会生活的运转中，自然灾害和意外事故是普遍存在的，这种危险的存在与发生必然会给国家、企业、家庭及个人带来不安定的后果。运输生产是一种高度危险的作业，在运输生产过程中存在着大量的危险。交通事故被认为是人类的一大公害，旅客在旅行途中发生的意外伤害会给旅客及其家庭带来灾难，运输工具的损毁会给运输企业带来重大损失，运输中货物的毁损对货主和承运人都将造成损失。通过开展运输保险，这些经济损失就可以通过保险公司给予补偿，这就在很大程度上安定了人心、稳定了社会。

三、货物运输保险概述

货物运输保险是以运输过程中的多种货物作为保险标的保险。不论国内贸易还是国际贸易，一笔交易从成交到兑现，货物都要经过运输这个环节，在货物运输过程中，遇到自然灾害或意外事故而使货物受到损失是难以避免的。对这种损失给予补偿的经济行为就是货物运输保险。

（一）货物运输保险的种类

根据使用的运输工具不同，货物运输保险可分为海洋货物运输保险、内河货物运输保险、陆路（铁路、公路）货物运输保险、航空货物运输保险、邮包保险等。

根据适用范围的不同，货物运输保险还可以分为以国内运输过程中的货物作为保险标的的国内货物运输保险和以进出口贸易中的运输货物为保险标的的国际（涉外）货物运输保险。

（二）货物运输保险的特征

货物运输保险属于损害保险范畴，是有形财产险的一种。货物运输保险的特征主要体现在其保障对象、承保标的、承保风险、保险合同变更、保险期限和保险关系六个方面。

1. 货物运输保险的保障对象具有多变性

货物运输保险的保障对象的多变性主要指的是被保险人的多变性。贸易活动中货物买卖的目的不仅是实现其使用价值，更重要的是实现货物的价值或货物的增值，这就决定了货物在运输过程中频繁易手，不断变换其所有人，从而必然会引起货物运输保险中被保险人的不断变化。

2. 货物运输保险的承保标的具有流动性

货物运输保险承保的是流动中或运动状态下的货物，它不受固定地点的限制。

3. 货物运输保险承保的风险具有综合性

与一般财产保险相比，货物运输保险承保的风险范围远远超过一般财产保险承保的风险范围。从性质上看，既有财产和利益上的风险，又有责任上的风险；从范围上看，既有海上风险，又有陆上和空中风险；从风险种类上看，既有自然灾害和意外事故引起的客观风险，又有外来原因引起的主观风险；从形式上看，既有静止状态中的风险，又有流动状态中的风险。

4. 货物运输保险的保险合同变更具有自由性

由于运输中的货物面临的风险大小及出险概率的高低主要取决于承运人而非被保险人，所以货物运输保险的保险合同可以随着货物所有权的转移而自由转移，而无须事先征得保险人的同意。因而，在实践中货物运输保险的保险合同往往被视同提货单的附属物，随着提货单的转移而转移。

5. 货物运输保险的保险期限具有空间性

由于采取不同运输工具的货物运输途程具有不固定性，所以货物运输保险的保险期限通常不是采取1年期的定期制，而是以约定的运输途程为准，即将从起运地仓库至到达目的地仓库的整个运输过程作为一个保险责任期限。这一特征使得货物运输保险的保险期限具有空间性特征，因而，"仓至仓条款"是确定货物运输保险的保险责任期限的主要依据。

6. 货物运输保险的国际性

货物运输保险的国际性主要表现在其所涉及的地理范围超越了国家和区域界限。国际运输货物保险所涉及的保险关系人，不仅是本国的公民，而且包括不同国家和地区的贸易商、承运人、金融机构与货主等，因此由保险可能产生的纠纷的预防和解决，必须依赖于国际性法规和国际惯例。

四、国内公路货物运输保险

国内公路货物运输保险的有关规定适用于国内的内河货物运输、沿海货物运输、铁路货物运输、公路货物运输和水路陆路联合货物运输。

（一）国内公路货物运输保险中被保险人的义务

货物运输保险的被保险人是指在投保时对所保货物享有保险利益的人，包括托运人、收货人及其货运代理人、承运人等，他们要么是所运货物的所有人、共有人，要么是与所运货物的安全有利益关系的人，但都对所运货物享有保险利益，都是被保险人。

在国内公路货物运输保险中，被保险人负有下列义务：①缴纳保险费的义务。②如实告知义务。被保险人应如实回答保险人就保险标的或者投保人、被保险人的有关情况提出的询问。③保证货物包装符合国家和主管部门规定的标准。④遵守国家及交通运输部门关于安全运输的各种规章制度，接受并协助保险人对保险货物进行的查验防损工作，以消除货物在运输途中的不安全因素。⑤通知和救助义务。货物如果发生保险责任范围内的损失时，被保险人获悉后，应立即通知当地保险机构并应迅速采取施救和保护措施防止或减少货物损失。

被保险人如果不履行上述义务，保险人有权终止保险责任或拒绝赔偿一部分或全部经济损失。

（二）国内公路货物运输保险中承运人的义务

在货物运输保险中，承运人经常作为保险人的代理人接受保险人的委托，代为办理货物运输保险业务。此时，承运人应当承担以下义务：

1. 出险通知义务

被保险人遭受保险合同规定责任范围内的损失后，承运人应当通知保险人，使保险人在出险时能够立即展开对于损失的调查。

2. 调查协助义务

承运人有义务协助保险人对被保险人所遭受的损失进行调查。

3. 限额赔偿义务

对于因承运人责任所造成的被保险人的损失，承运人应当就与保险人约定的限额以内的部分向被保险人赔偿。

（三）国内公路货物运输保险所承担的责任

1. 保险责任

（1）基本险的责任范围

①因火灾、爆炸、雷电、冰雹、暴风、暴雨、洪水、地震、海啸、地陷、崖崩、滑坡、泥石流所造成的损失（不可抗力）；②由于运输工具发生碰撞、搁浅、触礁、倾覆、沉没、出轨或隧道、码头坍塌所造成的损失（意外事故）；③在装货、卸货或转载时因遭受不属于包装质量不善或装卸人员违反操作规程所造成的损失；④按国家规定或一般惯例应分摊的共同海损的费用；⑤在发生上述灾害、事故时，因纷乱而造成货物的散失及因施救或保护货物所支付的直接合理的费用。

（2）综合险的责任范围

综合险在基本险责任的基础上扩展了以下责任：①因受震动、碰撞、挤压而造成货物破碎、弯曲、凹瘪、折断、开裂或包装破裂致使货物散失的损失；②液体货物因受震动、碰撞或挤压致使所用容器（包括封口）损坏而渗漏的损失，或用液体保藏的货物因液体渗漏而造成保藏货物腐烂变质的损失；③遭受盗窃或整件提货不着的损失；④符合安全运输规定而遭受雨淋所致的损失。

2. 除外责任

由于下列原因造成保险货物的损失，保险人不负赔偿责任：①战争或军事行动；②核事件或核爆炸；③保险货物本身的缺陷或自然损耗，以及由于包装不善造成的损失；④被保险人的故意行为或过失；⑤全程是公路货物运输的，盗窃和整件提货不着的损失；⑥其他不属于保险责任范围内的损失。

3. 保险责任起讫时间。

自签发保险凭证和保险货物运离起运地发货人的最后一个仓库或储运处所时起，至该保险凭证上注明的目的地的收货人在当地的第一个仓库或储存处所时终止。但保险货物运抵目的地后，如果收货人未及时提货，则保险责任的终止期最多延长至以收货人接到"到货通知单"后的 15 天为限（以邮戳日期为准）。

（四）国内公路货物运输保险的保险金额和保险费率

在货物运输保险中，保险金额是保险人根据运输保单对保险标的所受损失给予补偿的最高金额。国内公路货物运输保险的保险金额可以按货价确定，也可按货价加运杂费确定。责任免赔 2000 元或者 20%，最低收费 100 元，费用收取：保险金额的千分之一以上，一般货物按照千分之一收取，如果含有易碎物品按照千分之一点五收取保费。

保险费率是保险人向投保人收取保险费的计算依据，通常用占保险金额的千分比计算：保险金额与保险费率的乘积即为保险人应向投保人收取的保险费。

保险费 = 保险金额 × 保险费率

（五）国内公路货物运输保险的赔偿处理

当保险货物发生保险责任范围内的损失时，货物运抵保险凭证及载明的目的地的收货人在当地的第一个仓库或储存处所时起，收货人应在10天内向当地保险机构申请并会同检验受损的货物，否则保险人不予受理。

1. 索赔时效

当事人要求索赔的时效为180 d。

2. 申请索赔时应提供的单证

被保险人向保险人申请索赔时，必须提供下列有关单证：①保险凭证、运单（货票）、提货单、发货票；②承运部门签发的货运记录、普通记录、交接验收记录、鉴定书；③收货单位的入库记录、检验报告、损失清单及救护货物所支付的直接费用的单据。

3. 赔偿金额的确定

保险方对于因保险责任造成的损失和费用，在保险金额的范围内按实际损失赔偿，对被保险方为避免和减少保险财产的损失而进行的施救、保护、整理和诉讼费用也应负责偿付。计算货物运输保险的赔偿金额时，要区分足额保险和不足额保险两种情况。

（1）足额保险

保险人按实际损失赔偿，但最高赔偿额以保险金额为限。

①按货价确定保险金额的，保险人根据实际损失按起运地货价计算赔偿；②按货价加运杂费确定保险金额的，保险人根据实际损失按起运地货价加运杂费计算。

（2）不足额保险

保险金额低于货价的，属不足额保险。不足额保险的货物，只能根据实际损失按比例赔偿，所发生的施救费用也按比例赔偿。其计算公式为：

赔偿金额 = 损失金额 × 保险金额 / 起运地货物实际价值

赔偿金额 = 损失金额 × 损失程度

应赔偿施救费用 = 施救费用 × 保险金额 / 起运地货物实际价值

货物发生保险责任范围内的损失，如果根据法律规定或者有关规定，应当由承运人或其他第三者负责赔偿一部分或全部损失的，被保险人应首先向承运人或其他第三者索赔。如被保险人提出要求，保险人也可以先予赔偿，但被保险人应签发权益转让书给保险人，并协助保险人向责任方追偿。

保险货物遭受损失后的残值，应充分利用，经双方协商，可作价折旧归被保险人，并在赔款时扣除。

4. 赔偿时效

保险人在接到索赔单证后，应当根据保险责任范围，迅速核定应否赔偿，赔偿金额一经保险人与被保险人达成协议后，应在10 d内赔付。

被保险人与保险人发生争议时，应当实事求是，协商解决，双方不能达成协议时，可以提交仲裁机关或法院处理。

五、旅客意外伤害保险

意外伤害是指外来的、突然的、非本意的、非疾病的使身体受到伤害的客观事件。旅客意外伤害保险是一种以乘坐火车、飞机、轮船、长途汽车等的旅客为被保险人,在指定的旅程内因意外伤害事故致死、致伤、致残,由保险人按约定给付保险金的意外伤害保险。

(一)投保范围

凡持有效客票乘坐从事合法客运的机动车辆、船舶、轮渡、火车等客运交通工具的旅客,均可作为被保险人参加旅客意外伤害保险。

(二)保险责任

在保险合同有效期间内,被保险人乘坐约定的客运交通工具过程中,因交通工具发生交通事故而遭受意外伤害,保险人依下列约定给付相应保险金:①被保险人自意外伤害发生之日起 180 d 内因该意外伤害导致死亡的,保险人按意外伤害保险金额给付死亡保险金。②被保险人因意外事故下落不明,经人民法院宣告死亡的,保险人按意外伤害保险金额给付死亡保险金。③被保险人自意外伤害发生之日起 180 d 内因该意外伤害导致身体残疾的,保险人根据中国人民银行《人身保险残疾程度与保险金给付比例表》的规定,按意外伤害保险金额及该项残疾所对应的给付比例给付残疾保险金。④被保险人在县级以上(含县级)医院或者保险人认可的医疗机构诊疗所支出的、符合当地社会医疗保险主管部门规定可报销的医疗费用,保险人在意外伤害医疗保险金额范围内,给付医疗保险金。

在保险合同有效期间内,被保险人乘坐约定的客运交通工具过程中,因该交通工具发生交通事故遭受意外伤害而导致死亡、残疾或者发生医疗费用支出的,保险人也可参照国务院《道路交通事故处理条例》的规定执行,在意外伤害保险金额范围内承担死亡保险金、残疾保险金(含残疾用具费、抚养费);在意外伤害医疗保险金额范围内承担医疗保险金(含伙食补助费、误工补助费、护理费)。当保险人约定的机动车辆乘坐人数超过投保人数时,发生意外伤害事故致使被保险人死亡、残疾或者发生医疗费用支出的,保险人按投保人数与实际乘坐人数的比例给付各项保险金。保险人给付的各项保险金以相应保险金额为限。

(三)除外责任

因下列情形之一,造成被保险人死亡、残疾或者发生医疗费用支出的,保险人不负给付保险金责任:①投保人、受益人对被保险人的故意杀害、伤害;②被保险人故意犯罪或者拒捕;③被保险人殴斗、醉酒、自杀、故意自伤及服用、注射毒品;④被保险人受酒精、毒品、管制药物的影响而导致的意外;⑤被保险人疾病、流产、分娩;⑥核爆炸、核辐射或者核污染;⑦战争、军事行动、暴乱或者武装叛乱;⑧爬、跳交通工具等违反客运规章的行为;⑨当地社会医疗保险主管部门规定不可报销的费用。

（四）保险期间

保险合同的保险期间，自保险人同意承保、收取保险费并签发保险凭证，被保险人购票踏入约定的客运交通工具时起至离开约定的客运交通工具时止。

（五）保险金额和保险费

1、意外伤害保险金额和意外伤害医疗保险金额相等，最低均为人民币 10 000 元。2、保险费依两项保险金额之和计收，保险费率根据运输工具的不同和运输距离的远近取 0.001% ~ 0.1%。

（六）被保险人的义务

旅客意外伤害保险的被保险人负有如实告知和保险事故的通知义务。

1、被保险人故意隐瞒事实，不履行如实告知义务的，或者因过失未履行如实告知义务，足以影响保险人是否同意承保或者提高保险费率的，保险人有权解除合同。2、被保险人故意不履行如实告知义务的，保险人对保险合同解除前发生的保险事故，不承担给付保险金的责任，不退还保险费。3、被保险人或者受益人应于知道或者应当知道保险事故发生之日起5 d 内以书面形式通知保险公司。否则，被保险人或者受益人应承担由于通知迟延致使保险人增加的勘察、检验等项费用。但不可抗力导致的延迟除外。

（七）保险金的申请和赔付

1、被保险人死亡的，由死亡保险金受益人作为申请人，填写保险金给付申请书，并凭下列证明和资料申请给付保险金：①保险单；②受益人户籍证明或者身份证明；③保险费的缴费凭证；④被保险人死亡证明书，事故裁决书；⑤宣告死亡证明文件；⑥被保险人户籍注销证明；⑦保险人认可的有关部门出具的证明、裁决；⑧受益人所能提供的与确认保险事故的性质、原因等有关的证明和资料。

2、被保险人残疾的，由被保险人作为申请人，填写保险金给付申请书，并凭下列证明和资料申请给付保险金：①保险单；②被保险人户籍证明或者身份证明；③保险费的缴费凭证；④由保险人指定或者认可的医院出具的被保险人残疾程度鉴定书；⑤保险人认可的有关部门出具的证明、裁决；⑥被保险人所能提供的与确认事故的性质、原因、伤害程度等有关的证明和资料。

3、被保险人支出医疗费用的，由被保险人作为申请人，填写保险金给付申请书，并凭下列证明和资料申请给付医疗费用保险金：①保险单；②被保险人户籍证明或者身份证明；③保险费的缴费凭证；④由保险人指定或者认可的医院出具的被保险人治疗记录和医药费收据；⑤保险人认可的有关部门出具的证明、裁决；⑥保险人要求提供的与确认事故的性质、原因、伤害程度等有关的证明和资料。

保险人收到申请人的保险金给付申请书及有关证明和资料后，对确定属于保险责任的，在与申请人达成有关给付保险金额的协议后 10 d 内，履行给付保险金的义务；对不属于保险责任的,向申请人发出拒绝给付保险金通知书。

保险人自收到申请人的保险金给付申请书及有关证明和资料之日起 60 d 内,对属于保险责任而给付保险金的数额不能确定的,根据已有证明和资料,按可以确定的最低数额先予以支付,保险人最终确定给付保险金的数额后,给付相应的差额。

如被保险人在被宣告死亡后生还的,受益人应于知道或者应当知道被保险人生还后 30 d 内退还保险人已支付的保险金。被保险人或者受益人对保险人请求给付保险金的权利,自其知道或者应当知道保险事故发生之日起 2 年内不行使而消灭。

(八)争议处理

保险合同争议的解决方式,由当事人在合同中约定从下列两种方式中选择一种:1、因履行保险合同发生的争议,由当事人协商解决,协商不成的,可提交某仲裁委员会仲裁。2、因履行保险合同发生的争议,由当事人协商解决,协商不成的,依法向对保险单签发地有管辖权的人民法院提起诉讼。

第二节　保价运输

保价运输是指运输企业与托运人共同确定的以托运人申明货物价值为基础的一种特殊运输方式。保价,就是托运人向承运人声明其托运货物的实际价值。凡按保价运输的货物,托运人除缴纳运输费用外,还要按照规定缴纳一定的保价费。保价运输就是实行限额赔偿制度后,一旦发生运输事故后,使托运人、收货人在运输中承担的风险降低。

一、保价运输的概念和特点

(一)限额赔偿制度

对于因承运人过失责任造成的货物损失,各种运输方式一般都通过法律、行政法规规定了最高的赔偿数额,称为赔偿限额。该赔偿限额往往低于货物的实际损失。交通运输业实行限额赔偿制度的原因主要有:

1. 按实际损失赔偿,交通运输企业负担过重,将会制约交通运输业的发展

随着经济的发展,社会商品的品种越来越复杂,价格越来越高,对运输的要求越来越高,交通运输业承担的风险也越来越大。但我国的运费水平普遍较低,存在"高物价、低运价"的情况。在低运价的条件下,运输业的运输收入主要用于支付运输成本,若按货物的实际损失赔偿,则一些运输企业将难以经营下去。

2. 运费未与货物价格直接挂钩

当前,运输企业运输的货物品种繁多,价格差异巨大,但我国的运费水平主要是以运输成本为基础并结合国家经济政策而制定的,并未考虑货物本身价格的贵贱。货物的运价率

虽有区别,但高低相差不过几倍,远不能适应各种货物的实际价格的差异。因此运输企业承担的货物损失价值与其所获得的收益是不相称的。

3. 国家价格管理体制的变化

随着市场经济的发展,各地区商品价格的差异逐步在扩大,即使同一地区、同一产品的价格也不尽相同,而交通运输业的运价则较为固定,有些运输方式还实行国家定价,即不能随行就市加以变化,从而出现了以"死运价"对"活物价"的状况。相继出现了几个托运人运输同一品种的货物,向运输企业交纳相同的运费,发生事故后,索取不同数额的赔偿金的情况。这种权利和义务不对等的状况也是不合理的。

4. 运输中的风险不应全部由运输业承担

货物运输的产品是货物的位移,完成一个运输过程往往要跨越广大的地区。我国是一个大国,各地区的自然条件、社会条件存在巨大的差异,在运输过程中,不能确定的外部因素极多,运输业负担的风险也随之加大。这些危及安全的因素绝不是运输业本身所能解决的。显然,发生事故后,责任都要承运人全部包下来是不公平的,应当寻求承、托双方共同分担风险的有效方法。

(二)保价运输的概念

根据限额赔偿制度,当发生因承运人过失责任造成的货物损失时,承运人将在赔偿限额内按实际损失赔偿。一般情况下,该赔偿限额与货物实际损失都差得很多,而这时货主希望的是全额赔偿,这就造成了一对矛盾。为了解决这个矛盾,各种运输方式普遍实行了保价运输制度。

保价就是货物的保证价值,也可称为声明价格。所谓货物保价运输,是指托运人在托运货物时声明其价格并向承运人支付保价费用,由承运人在货物损失时按声明价格赔偿的一种货物运输。货物保价运输既是运输合同的组成部分,也是实行限额赔偿后,保证承运人、托运人利益对等的一种赔偿形式。

(三)保价运输的特点

第一,保价运输是运输企业实行限额赔偿后,为了保证承运人、托运人双方权益对等在法律上赋予托运人的一种权利。在运输企业承运时、法律上保证托运人自愿决定是否行使这个权利。

第二,保价运输的货物,在起运地和目的地之间流动,并一直处在运输企业职工的劳动和监护下,这有利于货物安全运送到目的地交付给收货人。

第三,托运人应以全批货物的实际价格作为保价金额。货物的实际价格除了货物自身的价格外,还包括承运前已发生的税款、包装费用和运输费用,不包括将发生的运输费用。

第四,保价运输除对托运人的损失起补偿作用外,运输企业可以直接采取特殊的技术和组织措施,保证货物运送安全。

第五,货物保价运输的责任是从承运人承运货物时起至将货物交付给收货人为止全程负责。

二、公路货物保价运输

公路货物保价运输,是指公路货物托运人在托运货物时声明其价格并向承运人支付保价费用,由承运人在货物损失时按声明价格及货物损坏程度予以赔偿的一种货物运输。货物保价运输同运输保险一样,是为了保护托运人或收货人的正当利益不受损失。

(一)公路货物保价运输的办理

公路货物运输实行自愿保价原则,也就是说,对托运的货物是否保价完全取决于托运人的自愿,托运人可以办理保价运输,也可以在办理保价运输的同时投保货物运输险,还可以不办理保价运输。

办理公路货物保价运输时,应遵守以下规定:

第一,一张运单托运的货物只能选择保价或未保价中的一种。也就是说,对一批办理托运的货物,不得只保价其中一部分而不保价另一部分。

第二,托运人选择货物保价运输时,申报的货物价值不得超过货物本身的实际价值,且保价运输为全程保价。

第三,按保价运输的货物,托运人还应缴付保价费。保价费按不超过货物保价金额的7‰收取。

第四,分程运输或多个承运人承担运输,保价费由第一程承运人(货运代办人)与后程承运人协商,并在运输合同中注明。承运人之间没有协议的按无保价运输办理,各自承担责任。

第五,办理保价运输的货物,承运人应在运输合同上加盖"保价运输"戳记。

(二)公路货物保价运输的变更或解除

保价运输货物变更到站后,保价运输继续有效。承运人承运货物后,托运人在发送前取消托运的,货物保价费应全部退还托运人。

(三)公路货物保价运输的赔偿处理

对办理保价运输的货物在运输过程中因承运人责任造成的货物灭失、短少、变质、污染或损坏的,承运人应按下列规定赔偿:货物全部灭失的,按货物保价声明价格赔偿;货物部分毁损或灭失的,按实际损失赔偿;货物实际损失高于声明价格的,按声明价格赔偿;货物能修复的,按修理费加维修取送费赔偿;如果经核实,损失是因承运人的故意行为造成的,当声明价格低于实际损失时,损失赔偿不受声明价格的限制,而应按照规定赔偿货物的实际损失,并追究其责任。

三、货物运输保价与货物运输保险的异同点

货物保价运输与货物运输保险都是补偿收货人或托运人的经济损失，两者有区别又有联系，下面就货物保价运输与货物运输保险的异同点分别进行分析：

（一）运输保价与保险的相同点

①都遵循自愿原则。②目的都相同，即投保人或托运人以支付一定金钱为代价获取货物的保值。③有最高赔偿限额的规定。运输保险的赔付，不超过约定的保险金额；保价运输的赔付，不超过保价条款约定的保价额。④当事人都有诚实信用、如实告知的义务。⑤从形式上看，托运人均在基础运费以外，额外支付了"保费"。⑥从过程上看，托运人的货物均应发生了灭失、损坏或交付延迟。⑦从效果上看，托运人均因货损获得了赔偿。⑧从金额上看，托运人声明价值均不得超过货物的实际价值。

（二）运输保险与保价的不同点

从法律方面分析：

1. 法律依据不同

运输保险属于财产保险之一，由《保险法》调整；保价运输具体规定于有关运输法律法规。

2. 法律关系的性质不同

运输保险确立的是托运人或收货人（即投保人或被保险人）与保险公司（即保险人）之间的保险合同法律关系，其表现形式一般有单独的货运保险合同或运输合同中存在明确的保险条款。

保价运输确立的是托运人与承运人之间的运输合同法律关系，没有单独的保价合同，保价条款的存在不能产生新的法律关系，也不能改变既有的运输合同性质。

3. 索赔对象不同

货物运输保险是向保险人索赔，而货物保价运输是向承运人索赔。

4. 赔偿范围不同

运输保险：保险人承担保险金和因保险事故而支出的合理费用；保价运输：赔付范围排斥了保价额以外的托运人或收货人的一切费用支出。

5. 责任免除条件不同

保价运输：承运人把自然灾害等不可抗力作为其免责条件；保险合同对此有着恰恰相反的约定。

6. 赔偿标准不同

运输保险：笼统地对"货物"按一个标准赔付；保价运输：按照"行包"和"货物"两个标准赔付。

7. 赔偿的程序不同

运输保险，其程序大致可分为报告事故、勘验与核赔、理赔三个阶段；保价运输的理赔程序分行李包裹保价的理赔和货物保价的理赔。

8. 关于代位求偿权的问题

运输保险：保险人可从被保险人那里取得代位求偿权；保价运输：现有法律法规并未明确承运人可取得代位请求赔偿的权利。

9. 对标的残值的处理不同

对于运输保险，足额保险的，受损标的的残值归属保险人；不足额保险的，受损标的的残值按比例归属保险人。对于保价运输，受损货物都归属托运人或收货人。

10. 合同解除权的规定不同

运输保险的合同的解释权是指投保人一般可以解除保险合同；保险责任开始后，货物运输保险合同不得解除。保价运输的合同的解释权指的是法律法规未规定当事人有解除保价合同的权利。

11. 有关赔付款的税收政策不同

保险赔款免征个人所得税；但保价运输中托运人或收货人所支出的保价费用和承运人对损失的赔付款都不在免税之列。

12. 保险费与保价费的性质不同

运输保险费完全属于民商事合同对价；而保价费，带有行政规费的性质，相当于国家的准财政收入。

综上所述，保价并不是保险价值与保险价格的简称，保价与保险是两个不同范畴的概念。

运输保险属纯粹的民商事法律关系表现形式；而保价运输更偏向于行政规费性质，有较浓厚的行政色彩，体现了具有垄断性经济主体的意志。

从形式和业务分析：

（1）制度设计的目的不同

保价是按照私权自治的精神，对承运人赔偿责任限额做出的一种商业安排；而保险则是将风险从某个个人转移到社会团体，由社会团体所有成员分担损失的一种风险防范机制。

（2）所"保"风险的范围不同

保价运输发生作用的前提是承运人负有不可免责的过失责任；而保险可以承保的风险除了承运人责任以外，尚可包括第三人侵权行为、不可抗力等。

（3）运作机制不同

在保价运输条件下，承运人一般要及时启动特殊处理流程，保证货物安全、及时运抵收货地点；而在承运人代理保险条件下，承运人可及时办理投保手续，并不必然启动特殊处理流程。

（4）风险的最终承担者不同

保价运输通常由承运人承担赔偿责任；运输保险由保险公司承担货损风险，即便是因承运人责任导致货物损失，托运人亦可直接向保险人索赔，然后再由保险人向承运人追偿。

（5）根据保险惯例，某些不能承保的货物亦在办理保价运输之列

对于私人信函、身份证件等不可计量价值的函件类货物而言，一般不属于保险公司的承保范围，但可以办理保价运输，同时对保价一般设置最高限额。

从补偿经济损失方面分析：

（1）责任依据的法律不同

保价运输责任的法律依据是有关运输的法律法规；而运输保险责任的依据是保险法规。

（2）责任基础不同

保价运输责任的基础主要是因承运人责任造成的货物损失；运输保险责任的基础主要是因自然灾害、意外事故等非人为因素造成的损失。根据国内公路货物运输保险的有关规定，保险货物因承运人责任造成的货物损失，保险人向投保人补偿后，有向承运人追偿的权利。

（3）赔偿方式不同

保价运输赔偿的依据是保价协议，它是运输合同的组成部分，根据此协议，托运人要缴纳一定的保价费，承运人以保价金额承运，发生因承运人责任而造成的的损失时按保价运输的原则赔偿，即最高不超过保价金额；运输保险的赔偿依据是保险协议，根据该协议，在发生保险责任范围内的损失时，赔偿金额最高不超过保险金额。

（4）目的不同

保价运输的目的是解决限额赔偿不足以补偿托运人损失而设立的一种特殊的赔偿制度；运输保险目的则是解决因自然灾害、意外事故而造成的经济损失的社会补偿方式。

（5）对货物的安全管理不同

货物保价运输时货物运输合同的组成部分承运人作为合同的一方直接参加货物的运输工作，有条件对保价货物采取特殊的安全管理措施；对于货物保险运输是社会救济问题。前者是运输责任的延续，后者是一种社会补偿形式。

（6）资金适用的范围不同

运输保价收入，除用于赔偿外，主要用于改善运输设施，保证运输安全，提高运输质量，比运输保险更直接地维护了托运人、收货人的权益。

第五章 运输事故理赔

第一节 运输事故

一、货运事故的种类和等级

（一）货运事故的种类

货运事故分为七类：①火灾。②被盗（有被盗痕迹）。③丢失（全批未到或部分短少，没有被盗痕迹的）。④损坏（破裂、变形、磨伤、掉损、部件破损、湿损、漏失）。⑤变质（腐烂、植物枯死、活动物非中毒死亡）。⑥污染（污损、染毒、活动物中毒死亡）。⑦其他（整车、整零车、集装箱车的票货分离和误运送、误交付、误编、伪编记录以及其他造成影响而不属于以上各类的事故）。

"被盗痕迹"以包装撕破为表面特征。对于包装封条开裂、捆匣脱落，内品短少或被调换，除有证据证明属于被盗之外，按丢失事故处理。货物全批灭失，件数短少，包破内少都按丢失事故处理。

"票货分离"的"票"指的是"运输票据"，包括货物运单、货票、特殊货车及运送用具回送清单以及回送事故货物的货运记录。

上述第一至第六类事故属于货损货差事故。货损是指货物状态或质量发生变化，丧失或部分丧失货物原有的使用价值；货差是指货物数量发生变化。第七类事故则属于严重的办理差错和其他事故，此类事故虽然可能造成经济损失，但不一定造成货物本身的直接损失。

（二）货运事故的等级

货运事故按其性质和损失程度分为三个等级：

1. 重大事故

①由于货物染毒或危险货物发生事故，造成人员死亡 3 人或死亡重伤合计 5 人以上的。②货物损失及其他直接损失（以下同）款额在 30 万元以上的。

2. 大事故

①由于货物染毒或危险货物发生事故，造成人员死亡不足 3 人或重伤 2 人以上的。②货物损失款额在 10 万元以上未满 30 万元的。

3.一般事故

①不属于重大、大事故的事故。②货物损失款额在 2 000 元以上未满 10 万元的。

上述的人员死亡或重伤是指因货物染毒或危险货物发生事故而造成的事故。因其他原因所造成的人员伤亡或重伤,则不列为货运重大、大事故。

重伤 5 人以上也属于货运重大事故。重伤的标准按照劳动部"关于重伤事故范围的意见"执行。

"货物损失款额"既包括货运事故造成的货物损失,也包括其他直接经济损失,应以此来确定事故的等级;铁路赔偿款额只是表示在该起货运事故中铁路所承担的经济责任,而不能作为确定事故等级的依据。

军用物资(武器、弹药、主要器械)、珍贵文物、涉外货物、尖端保密物资丢失或损坏及其他性质恶劣、情节严重、影响较大的货运事故应提级处理。

二、货运事故责任划分

(一)承运人的责任

第一,承运人未遵守承、托双方商定的运输条件或特约事项,由此造成托运人的损失,应负赔偿责任。

第二,货物在承运责任期间发生毁损或灭失(承运人未在货物运输期限届满后 30 d 内将货物交付给收货人的,视为货物灭失),承运人应负赔偿责任。但有下列情况之一者,承运人举证后可不负赔偿责任:①不可抗力。②货物本身的自然性质变化或者合理损耗。③包装内在缺陷,造成货物受损。④包装体外表面完好而内装货物毁损或灭失。⑤托运人违反国家有关法令,致使货物被有关部门查扣、弃置或做其他处理。⑥押运人员责任造成的货物毁损或灭失。⑦托运人或收货人过错造成的货物毁损或灭失。

另据《集装箱汽车运输规则》规定,在集装箱货物运输中,整箱货物在承运责任期间内,保持箱体完好,封志完整,箱内货物发生灭失、短少、变质、污染、损坏,承运人不负赔偿责任(承运人负责装、拆箱的除外)。

第三,货物在起运前交给承运人保管以及运到后在承运人保管期间,因承运人责任造成损失的,承运人也应负赔偿责任。

第四,承运人委托第三者组织装卸,因装卸原因造成货物损失,承运人也应向托运人负赔偿责任。承运人赔偿后,可向有责任的第三者追偿。

第五,如果经证实货物损失是由于承运人的故意行为造成的,承运人除应按实际损失向货主赔偿外,还应由合同管理机关对其处以损失部分 10% ~ 50% 的罚款;构成犯罪的,还将依法追究肇事者个人的刑事责任。

第六,如果货物损失或托运人其他经济损失是因承运人和托运人共同所致,则双方应按过错程度大小分别承担自己相应的责任。

第七，由于承运人责任造成货物未在约定的期限内运抵约定地点，承运人应负违约责任，即按约定或规定向收货人偿付违约金。

第八，因承运人责任将货物错送或错交收货人的，承运人应将货物无偿运到合同约定的地点，交给指定的收货人，如果货物因此逾期运到，承运人应偿付逾期交付货物的违约金。

第九，承运人不按合同规定的时间和要求配车发运的，应负违约责任。主要情形包括：未按装车协议及商定的车种、车型配备足够的车辆；未在商定的时间提供车辆；或者对托运人自装的货车，未按约定的时间送到装车地点；调配的车辆性能等状态，不适合所运货物的要求；由于承运人的责任停止装车或使托运人无法按约定将货物搬入装车地点等。

但是，根据《合同法》的有关规定，因不可抗力（诸如自然灾害、政府命令、军事行动、线路堵塞或海运港口、国境口岸车辆积压堵塞等）或非承运人责任造成承运人未能按合同约定履行的，可免除承运人支付违约金的全部或部分责任。

（二）托运人的责任

第一，托运人未按合同规定的时间和要求备好货物和提供装卸条件以及货物运达后无人收货或拒绝收货，而造成承运人车辆放空、延滞及其他损失，托运人应负赔偿责任。

第二，因托运人下列过错，造成承运人、站场经营人、搬运装卸经营人的车辆、机具、设备等损坏、污染或人身伤亡以及因此而引起的第三方的损失，由托运人负责赔偿：①在托运的货物中有故意夹带危险货物和其他易腐蚀、易污染货物以及禁、限运货物等行为。②错报、匿报货物的重量、规格、性质。③货物包装不符合标准，包装、容器不良，而从外部无法发现。④错用包装、储运图示标志。

第三，托运人不如实填写运单，错报、误填货物名称或装卸地点，造成承运人错送、装货落空以及由此引起的其他损失，托运人应负赔偿责任。

第四，由托运人负责装卸的货物，超过合同规定装卸时间所造成的损失，由托运人负责赔偿。

（三）货运代办人的责任

货运代办人以承运人身份签署运单时，应承担承运人责任；以托运人身份托运货物时，应承担托运人的责任；

第一，货物在搬运装卸作业中，因搬运装卸人员过错造成货物毁损或灭失，站场经营人或搬运装卸经营者应负赔偿责任。

第二，货物在站、场存放期间，因站场经营人责任发生毁损或灭失，站场经营人应负赔偿责任。

三、货运记录

公路货损、货差商务事故记录的编制过程，一般根据下列要求进行：

第一，事故发生后，由发现事故的运送站或就近站前往现场编制商务记录，如系重大事故,在有条件时还应通知货主,一起前往现场调查,分析责任原因。

第二,如发现货物被盗,应尽可能保持现场,并由负责记录的业务人员或驾驶员根据发现的情况,会同有关人员做好现场记录。

第三,对于在运输途中发生的货运事故,驾驶员或押运人应将事故发生的实际情况如实报告中转站,并会同当地有关人员提供足够的证明,由中转站编制一式三份的商务记录。

第四,如货损事故发生于货物到达站,则应根据当时情况,会同驾驶员、业务人员、装卸人员编撰商务记录。

四、客运事故的种类和等级

持有有效客票的旅客,在旅行中遭受外来、剧烈及明显的意外伤害事故,包括战争所致在内,导致死亡、残废或丧失身体机能均属旅客伤亡事故。

旅客伤亡事故根据伤害情况(参照司法部颁布的《人体损伤程度鉴定标准》),可分为四种:

①死亡。②重伤:肢体残废、毁人容貌、丧失听觉、丧失视觉、丧失其他器官功能或者其他对于人身健康有重大伤害的损伤,包括重伤一级和重伤二级。③轻伤:肢体或者容貌损害,听觉、视觉或者其他器官功能部分障碍或者其他对于人身健康有中度伤害的损伤,包括轻伤一级和轻伤二级。④轻微伤:各种致伤因素所致的原发性损伤,造成组织器官结构轻微损害或者轻微功能障碍。

根据《生产安全事故报告和调查处理条例》的规定,客运事故可以分为以下等级:

1. 特别重大事故

造成 30 人以上死亡,或者 100 人以上重伤,或者 1 亿元以上直接经济损失的事故。

2. 重大事故

造成 10 人以上 30 人以下死亡,或者 50 人以上 100 人以下重伤,或者 5 000 万元以上 1 亿元以下直接经济损失的事故。

3. 较大事故

造成 3 人以上 10 人以下死亡,或者 10 人以上 50 人以下重伤,或者 1 000 万元以上 5 000 万元以下直接经济损失的事故。

4. 一般事故

造成 3 人以下死亡,或者 10 人以下重伤,或者 1 000 万元以下直接经济损失的事故。

上述所称的"以上"包括本数,所称的"以下"不包括本数。

第二节　索赔

运输事故索赔指发生运输事故后，托运人或收货人对损失要求事故责任人履行赔偿或给付保险金的行为。

运输事故索赔主要包含三个方面：索赔程序、索赔单证、索赔时效。

一、索赔程序

公路货运事故发生后，承运人应及时通知收货人或托运人，收货人、托运人知道发生货运事故后，应在约定的时间内，与承运人签注货运事故记录。收货人、托运人在约定的时间内不与承运人签注货运事故记录的，或者无法找到收货人、托运人的，承运人可邀请 2 名以上无利害关系的人签注货运事故记录。

公路货运事故处理过程中，收货人不得扣留车辆，承运人不得扣留货物。由于扣留车、货而造成的损失，由扣留方负责赔偿。

二、索赔单证

公路货物运输合同当事人要求另一方当事人赔偿时，须提出赔偿要求书，并附运单、发票、保单、货物清单、货运事故记录和货物价格证明等文件；属保价运输还应附声明价格的证明文件；要求退还运费的，还应附运杂费收据。

三、索赔时效

承、托双方彼此之间要求进行损失赔偿的时效，从收货人、托运人得知货运事故信息或签注货运事故记录的次日起计算（灭失的货物自运输期限届满后的第 31 d 起计算），不超过 180 d，逾期提出的赔偿要求无效。

第三节　理赔

理赔是指保险事故发生后，保险人对被保险人所提出的索赔案件的处理。被保险人遭受灾害事故后，应立即或通过理赔代理人对保险人提出索赔申请，保险人根据保险单的规定审核提交的各项单证，查明损失原因是否属于保险范围，估算损失程度，确定赔偿金额，最后给付结案，如损失系第三者的责任所致，则要被保险人移交向第三者追偿损失的权利。

一、理赔程序

承运人或场站作业人在接到受损方的托运人或收货人的赔偿要求书后，首先审核索赔时效，逾期则不受理；再检查索赔文件是否齐全。承运人或场站作业人应在收到受损方赔偿要求书的次日起 60 d 内，将处理意见通知受损方，特殊情况经受损方和责任方协商可适当延长。受损方收到处理意见的次日起，10 d 内没有提出异议，责任方可即付结案。

二、赔偿金额的确定

（一）公路货运事故损失赔偿金额的确定

第一，货运事故赔偿分限额赔偿和实际损失赔偿两种。对于因承运人责任造成的货物损失，当货物运输合同中未约定赔偿责任时，法律、行政法规对赔偿责任限额有规定的，依照其规定进行赔偿；但经核实确属承运人的故意行为造成货物损失的，不适用有关赔偿限额的规定，承运人应当按照实际损失赔偿；尚未规定赔偿责任限额的，按货物的实际损失赔偿。

第二，对于因承运人责任造成的货物损失，当货主参加保价运输时，货物全部灭失的，按货物保价声明价格赔偿；货物部分毁损或灭失的，按实际损失赔偿；货物实际损失高于声明价格的，按声明价格赔偿；货物能修复的，按修理费加维修取送费赔偿。

第三，货主参加运输保险时，按投保人与保险公司商定的保险协议办理赔偿。

第四，货物损失赔偿费包括货物价格、运费和其他杂费。货物价格中未包括运杂费、包装费以及已付的税费时，应按承运货物的全部或短少部分的比例加算各项费用。

第五，货物毁损或灭失的赔偿额，当事人有约定的，按照其约定；没有约定或约定不明确的，可以补充协议；不能达成补充协议的，按照交付或应当交付时货物到达地的市场价格计算。

（二）关于公路货运事故和违约赔偿的其他规定

第一，由于承运人责任造成货物灭失或损失，以实物赔偿的，运费和杂费照收；按价赔偿的，退还已收的运费和杂费；被损货物尚能使用的，运费照收。

第二，丢失货物赔偿后，又被查回，应送还原主，收回赔偿金或实物；原主不愿接受失物或无法找到原主的，由承运人自行处理。

第三，承托双方对货物逾期到达、车辆延滞、装货落空都负有责任时，按各自责任所造成的损失相互赔偿。

第四，对于货物运输途中发生交通肇事造成货物损坏或灭失，承运人应先行向托运人赔偿，再由其向肇事的责任方追偿。

第五，货物赔偿费一律以人民币支付。

第六，由托运人直接委托站场经营人装卸货物造成货物损坏的，由站场经营人负责赔偿；由承运人委托站场经营人组织装卸的，承运人应先向托运人赔偿，再向站场经营人追偿。

第七，当事人不得自行用扣发货物或扣付运费来充抵违约金和赔偿金。根据《公路货物运输合同实施细则》及《汽车货物运输规则》的有关规定，违约金数额，双方事先有约定的，承运人按合同约定支付；如果合同没有约定，应按承运人违约部分运量应计运费的一定比例偿付（一般不超过运费的 10%，最多不得超过运费的 100%）。

第八，承运人、托运人、收货人及有关方在履行运输合同或处理货运事故时，发生纠纷、争议，应及时协调解决或向县级以上人民政府交通主管部门申请调解；当事人不愿和解、调解或者和解、调解不成的，可依仲裁协议向仲裁机构申请仲裁；当事人没有订立仲裁协议或仲裁协议无效的，可以向人民法院起诉。

三、赔偿期限

公路货运合同当事人应在收到对方赔偿要求书的次日起，60 d 内做出答复；违约金、赔偿金应在明确责任后 10 d 内偿付，否则按逾期付款处理。

四、仲裁和诉讼

对于保险货物，被保险人与保险人发生争议时，应当实事求是，协商解决；双方不能达成协议时，可以提交仲裁机关或法院处理。

对于公路货物运输，承运人、托运人、收货人及有关各方在履行公路货物运输合同或处理货运事故中发生纠纷、争议时，应及时协商解决或向县级以上人民政府交通主管部门申请调解；当事人不愿和解、调解或者和解、调解不成的，可依仲裁协议向仲裁机构申请仲裁；当事人没有订立仲裁协议或仲裁协议无效的，可以向人民法院起诉。

第六章 交通运输与经济概述

第一节 交通运输发展概况

一、我国交通运输发展状况

交通运输既是衔接生产和消费的一个重要环节,又是保证国家在政治、经济、文化、军事和人民生活等方面的各个部门保持联系的重要手段之一。现代化交通运输业包括铁路、公路、水运、航空和管道五种基本的运输方式。

20世纪50年代以来,我国的交通运输业经过多年的建设有了较大发展,已经初步形成了以铁路干线、公路干线、长江水运、海运为骨架,由铁路、公路、水运、航空、管道五种运输方式组成的综合运输体系。

改革开放以来,我国交通运输基础设施,尤其是公路交通得到了快速发展。高速公路作为一种现代化的道路交通基础设施,具有技术标准高、设施完善、通行能力大、行车速度快等特点。出于政治和经济的各种原因,我国内地高速公路建设直到改革开放后的20世纪80年代中期才起步。

从需求方面来讲,随着我国经济社会的发展,尤其是改革开放以来国民经济的高速增长,对交通运输的需求越来越大。同时,工业现代化进程和世界范围的产业结构调整,以及全球经济一体化趋势的增强,都将促使客货运量大幅增加。

20世纪50年代以来,我国的客运结构发生了根本性的变化。虽然铁路仍是国民经济的命脉,担负着中长距离的客运,但其"铁老大"的统治地位已不复存在。铁路在客运中的地位逐渐下降的主要原因是公路(尤其是高速公路)的迅速发展。这样,公路客运不仅成为中短途客运的主力,并且开始抢占部分中长途客运市场。公路客运量大幅增长,分流了大量的短途客运。而水运无论是客运量还是客运周转量,所占比重均明显下降。水运在客运市场中地位的下降是正常现象,因为无论从时效性还是从舒适性等方面来说,水运均无法与其他客运方式竞争(观光旅游除外)。与此同时,航空运输也得到了飞速发展,分流了部分中长途客运量。随着我国经济发展水平和人民生活水平的提高,航空客运量将会缓步增加。总之,我国客运结构逐渐趋于合理,各种运输方式的特点得以充分发挥。

二、运输的原理和作用

交通运输业是国民经济和社会发展的基础性、先导性产业,是促进经济社会发展和提高人民生活水平的重要产业。

(一)运输的作用

1. 运输的定义

运输(transportation)是指时间效应和空间效应共同作用的创造。当产品因从一个地方转移到另一个地方面增而加价值时,运输就创造了空间效应。时间效应则是指这种服务在需要的时候发生。当旅客在需要的时间从他们所在的地方到达他们想去的地方时,运输就同时创造了时间效应和空间效应。

2. 运输的作用

运输的作用是克服在产品的生产与需求之间存在的空间和时间上的差异。通过时间和空间的变动,运输对产品进行了增值,也就是创造了时间效应和空间效应。运输的作用主要体现在以下几个方面。

(1)运输有利于开拓市场

早期的商品交易市场往往被选择在人口相对密集、交通比较便利的地方。在依靠人力和畜力进行运输的年代,市场位置的确定在很大程度上受人和货物可及性的影响。对于多数人来说,交通相对便利、人和货物比较容易到达的地方会被视为较好的商品交换场所。久而久之,这个地方就会变成一个相对固定的市场。当市场交换达到一定规模后,人们又会对相关的运输条件进行改进,例如改善道路(或通航)条件,增加一些更好的运输器具,以适应和满足市场规模的不断扩大。

随着技术的发展,运输方式不断改善,运输效率不断提高,运输费用也不断降低。运输费用的降低使市场的引力范围不断扩大,商人可以从离市场更远的地方采购货物在市场上出售。由此,运输系统的改善既扩大了市场区域范围,又扩大了市场本身的交换规模,为大规模的商品销售提供了前提条件。

运输在开拓市场过程中不仅能创造出明显的空间效应,同时也具有明显的时间效应。

运输的时间效应与空间效应密切相关。市场上对某种商品的需要往往具有很强的时效性,超过了某一时限,商品的需求量就会大大减少甚至完全消失。一种商品如果因为时间关系失去了市场需求,这种商品在特定的时间内就不再具有价值,或者其价值将大打折扣。高效率的运输能够保证商品在市场需要的时间内适时运到,从而创造出一种时间效用,繁荣市场。与运输的空间效用一样,运输的时间效用同样可以开拓市场。例如,当某地区急需一种产品时,这时产品的运输速度就成为最关键的因素(假定该产品需要从外地调入)。

(2)运输有利于鼓励市场竞争并降低市场价格

运输费用是所有商品市场价格的重要组成部分,商品市场价格的高低在很大程度上取决于它所含运输费用的多少。运输系统的改革和运输效率的提高,有利于降低运输费用,从而降低商品价格。运输费用的降低可以使更多的产品生产者进入市场,参与竞争,也可以使消费者体会到竞争带来的好处。因为如果没有运输,离市场近的厂商就可以影响甚至垄断市场,他们可以决定商品的市场价格,而高效的运输系统和廉价的运输可以扩大市场销售范围,使离市场更远的厂商进入市场并参与竞争。这样,商品的市场价格将通过公平竞争和市场机制决定。实际上,由于劳动分工和地区专业化的影响,商品的市场价格很可能是由远方的供应者决定的,因为他的生产成本最低。因此,正是运输系统的存在鼓励了市场竞争,也降低了商品价格。

运输与土地利用和土地价格之间存在紧密的关系。高效、廉价的运输可以使土地获得多种用途。如果没有运输将产品送到远方市场,很多土地将变得无用或用途很小。运输条件的改善可以使运输延伸到的地区地价增值,从而促进该地区的市场繁荣和经济发展。

(3)运输有利于生产劳动的地区分工和市场专业化

运输有利于生产劳动的地区分工。一个较为简单的情形是:假设 A、B 两地各生产某种产品(a 和 b),A 地生产 a 的成本较低,因此价格低廉,而 B 地生产 b 的耗费也相对较低,同样能以较低的价格出售。在这种情况下,每一地区生产它最适宜生产(劳动耗费低)的货物并相互交换是对双方都有利的事情。但如果 A、B 间的运输费用非常高,以至于抵消了专门从事该种产品的生产和交换所能得到的利益,那么两地间的交换就不会发生。结果是 a、b 两地都必须拿出一部分土地、劳动力和资金来投入对方生产成本较低的那种产品的生产。这时,运输就成了地区劳动分工和贸易的障碍。然而,当 A、B 两地间存在高效、廉价的运输后,这个障碍就会被排除。由此,根据比较利益原则,运输能够促进生产劳动的地区分工。在劳动的地区分工出现后,市场专业化的趋势也会逐渐显露,这就使某一个地区的市场在产品的销售上会更加集中在某一类或某几类产品上。市场专业化将大大减少买卖双方在收集信息、管理等方面的成本支出,减少市场交易成本。

3. 运输在物流中的地位

运输是物流的支柱。说到物流,人们就会认为"那是运输产业"。物流过程的其他各项活动,诸如包装、装卸搬运、物流信息情报等,都是围绕着运输而进行的。所以,运输是物流过程各项业务活动的中心活动。可以说,在科学技术不断进步、生产的社会化和专业化程度不断提高的今天,一切物质产品的生产和消费都离不开运输。物流合理化,在很大的程度上取决于运输的合理化。所以,在物流过程的各项业务活动中,运输是关键,起着举足轻重的作用:一是运输成为物流的动脉系统;二是运输是创造物流空间效用的环节;三是运输降低了物流费用,提高了物流速度,成为发挥物流系统整体功能的中心环节;四是运输加快了资金周转速度,降低了资金占用时间,是提高物流经济效益和社会效益的重点所在。

物流过程直接耗费活劳动和物化劳动,这些劳动的综合称为物流总成本。物流总成本主要由运输成本、保管成本和管理成本构成。其中,运输成本所占的比重最大,是影响物流成本的一项重要因素,在我国交通运输业还不很发达的情况下更是如此。因此,在物流各环节中,如何搞好运输工作,开展合理运输,不仅关系到物流占用时间的多少,而且还会影响到物流费用的高低。不断降低物流运输成本,对于提高物流经济效益和社会效益,都起着重要的作用。所谓物流是"第三个利润的源泉",其意义也在于此。

(二)运输的基本原理

1.规模经济

运输规模经济的特点是随着装运规模的增大,每单位的运输成本下降。运输规模经济之所以存在,是因为有关的固定费用可以按整批货物的重量分担。有关的固定费用包括运输订单的行政管理费用、运输工具投资以及装卸费用等。运输规模经济使得货物的批量运输显得更加合理。

2.距离经济

运输距离经济的特点是每单位距离的运输成本随运输距离的增加而减少。运输距离经济的合理性类似于规模经济,尤其体现在运输装卸费用的分摊上。距离越长,固定费用分摊后的值越小,导致每单位距离支付的总费用也就越小。

3.运输作业的关键因素

从企业物流管理的角度来看,成本、速度和一致性是运输作业的三个至关重要的因素。

(1)运输成本

运输成本是指为两个地理位置间的运输所支付的款项以及管理和维持转移中的存货的有关费用。在设计物流系统时应该利用能把系统总成本降低到最低限度的运输,这意味着最低费用的运输并不一定形成最低的物流总成本。

(2)运输速度

运输速度是指为完成特定的运输作业所花费的时间。运输速度和成本的关系主要表现在以下两个方面:首先,运输商提供的服务越是快速,它实际需要收取的费用也就越高;其次,运输服务越快,转移中的存货就越少,可利用的运输间隔时间越短。因此,在选择最合理的运输方式时,至关重要的问题就是如何平衡其服务的速度和成本。

(3)运输的一致性

运输的一致性是指在若干次装运中履行某一特定的运输所需的时间与原定时间或与前几次运输所需时间的一致性。运输一致性是运输可靠性的反映。多年来,运输管理已把一致性看作是高质量运输的最重要特征。运输的一致性会影响买卖双方承担的存货义务和有关风险。

(三)运输决策

运输决策的参与者除了托运人(起始地)、收货人(目的地)和承运人以外,还有政府与公众。

1.托运人与收货人

托运人(一般是货物的卖方)和收货人(一般是买方)关心的是在规定的时间内以最低

的成本将货物安全地从起始地转移到目的地。运输服务中应包括具体的提取货物和交付货物的时间、预计转移的时间、零灭失损失以及精确和合时地交换装运信息和签发单证。

2. 承运人

承运人作为中间人，他的目的与托运人和收货人稍微有点区别，他期望以最低的成本完成所需的运输任务，同时获得最大的运输收入。这种观念表明，承运人想要按托运人（或收货人）愿意支付的最高费率收取运费，而使转移货物所需要的劳动、燃料和运输工具成本最低。要实现这一目标，承运人期望在提取和交付时间上更具有灵活性，以便于能够使个别的装运整合成经济运输批量。

3. 政府

由于运输对经济的影响，所以政府要维持交易中的高利率水平。政府期望一种稳定而有效率的运输环境，以使经济能持续增长。运输能够使产品有效地转移到全国各市场中去，并促使产品按合理的成本获得。

稳定而有效率的商品经济需要承运人提供有竞争力的服务，同时做到有利可图。与其他企业相比，政府更多地干预了承运人的经营活动，这种干预往往采取规章制度或经济政策等形式。政府通过限制承运人所能服务的市场或确定承运人所能采取的价格来规范其行为；政府通过支持研究开发或提供诸如公路或航空交通控制系统之类的通行权来激励承运人。在英国或德国这样的国家里，某些承运人为政府所拥有，政府对市场、服务和费率保持绝对的控制。这种控制权使政府对地区、行业或厂商的经济发展具有举足轻重的影响。

4. 公众

公众是最后的参与者，他们关注运输的可达性、费用和效果以及环境和安全上的标准。公众按合理价格产生对周围的商品需求的预期，并最终确定运输需求。尽管最大限度地降低成本对于消费者来说是重要的，但与环境和安全标准有关的交易代价也需要加以考虑。近年来，虽然在降低污染和消费安全方面已有了重大进展，但空气污染和石油溢出所产生的影响仍是运输的一个重大问题。既然要把降低环境风险或运输工具事故的成本转嫁到消费者身上，那么他们必然会共同参与到对运输的安全感做出判断中来。

显然，各方之间的相互作用，使得运输关系很复杂。这种复杂性会导致托运人、收货人和承运人之间频繁的冲突，以及政府与公众之间频繁的冲突。这些冲突已导致了运输服务受到规章制度的严格管控。

三、交通运输基础设施的主要特征

交通运输基础设施是指各种交通方式中为完成客流和物流所需要的固定设施，包括线路基础设施、站场基础设施、枢纽基础设施和附属基础设施等。下面将对交通运输基础设施的主要特征进行介绍。

（一）交通运输在国民经济中的基础地位

1. 交通运输的国民经济基础性

交通运输基础设施是支撑一国经济发展的基础，这一基础决定着国家经济活力（工业、商业等）的水平。这主要表现在以下几个方面：第一，交通运输是现代经济社会快速运行的保障，是市场机制作用于人类经济行为的首要物质前提，没有一个现代化的运输体系，很难想象会形成一个较为完善的市场经济；第二，交通运输规模的大小和水平是经济社会现代化程度的基本标志之一，现代经济社会在多大规模上运用多少资源来实现人与物在空间和时间上的交换，反映了经济社会的发达程度；第三，在现代经济社会的发展历程中，交通运输具有运输革命的特征，它集中表现为"交通运输是现代经济社会发展的命脉"这一命题。已实现现代化的国家的发展过程，都证明了现代经济社会的发展必须经历一个交通运输革命的阶段。所谓交通运输革命阶段，是指交通运输的发展不仅是一种经济社会运输需求的直接反映，更是交通运输作为主角的身份作用于经济社会发展过程的特殊时期。

根据发展经济学的原理，一个国家的经济起飞是一国进入发达国家的必要前提和步骤。但一国进入起飞阶段的关键是什么呢？现代著名发展经济学家罗斯托（Walt Whitman Rostow）指出："起飞的初始条件是有最低限度的社会管理资本（这里主要指交通运输的基础结构）的先行建设，以便为必不可少的扩散效应准备前提条件。"他在论述工业和社会管理资本时还讲道："在创造前提条件和起飞时期，总投资中很高的份额必须投入社会管理资本。社会管理资本的建立，在时间上具有确定无疑的优先性。因为大量的交通建设和其他形式的社会管理资本，实际上毫无例外地出现在起飞之前。这种投资的最重要职能是降低运输成本，使得资源能更便宜而有效地结合起来，以此扩大国内市场，使外贸的有效引导成为可能。也只有在这样的市场环境下，最初的主导部门才有可能实现。"

上面的叙述说明，交通运输作为一国经济的基础结构是实现经济发展和社会进步的前提条件，每个国家的经济发展都遵循这个规律。美国、日本、联邦德国等发达国家在20世纪六七十年代经济快速增长时期，把相当份额的资金投向交通基础设施建设，有效地促进了本国的经济增长。我国经济发展的实践也同样证明了这一结论的正确性。我国东部沿海地区运输基础设施较好，交通较便利，经济发展就快，人民生活水平就较高；而西部内陆地区运输基础设施较差，交通不便，经济发展就相对缓慢，人民生活水平也较低。许多地方群众总结了正反两方面的经验，用"要想富，先修路"这样朴素的语言表达了"公路是经济发展的基础"这一深刻的道理。

2. 交通运输产生巨大的外部经济效益，具有较强的社会公益性

外部性在现代经济社会中是比较常见的现象。无论什么时候，只要某个生产者或某个消费者的行为对其他生产者和消费者产生了影响，而受影响者没有因损害而得到补偿或没有因得益而付出代价，那么就存在外部性或会产生外部效应。我们根据这种影响对他人的有利和不利将其划分为正的外部效应和负的外部效应。经济学家一般都认为交通运输基础

设施具有正的外部效应，即存在外部经济。因为一旦在某个区域修建了某种交通运输基础设施，由于交通运输基础设施特有的经济功能和社会功能，其周围的土地价格、房产价格就会上涨，会使其附近或相关的其他行业的经济效益大增，而且很难向这些非交通运输基础设施使用者索取回报以阻止其效果外溢。正因为如此，如果忽略从社会的角度来考虑对交通运输基础设施投入的回报，就会影响投资者的投资收益，从而影响投资者的投资积极性。

从功能上讲，交通运输作为国民经济的重要基础设施之一，其主要作用是为整个社会和经济活动提供必要的运输条件，是社会、经济、文化及国防的重要支撑力量；从经济效益上讲，交通运输的直接受益者是设施使用者，而间接受益者却是整个社会，交通运输基础设施所产生的外部经济效益远大于其自身的经济效益。交通运输的上述作用和效益存在着一定的不可分割、不可定量、不可定价性，体现了交通运输的公益性和公共物品特性。此外，交通运输作为重要的基础设施具有一定的自然垄断性，其发展需要政府的大力扶持，不能完全依靠市场机制。交通运输是大型公共基础设施，投资巨大，建设周期长，投资回报率较低，因此，交通运输自身作为独立商业投资项目的吸引力不足，往往需借助政府或公共部门的扶持和给予一定的优惠政策才具备商业投资的可行性。

（二）交通运输的准公共产品和特殊商品的属性

纯公共物品同时具有非竞争性和非排他性，如国防和水利。交通运输性质的主流是公共产品，但它并不是纯公共物品。以公路为例，一方面，公路作为交通运输基础设施可以反复多次地被人们使用（或消费）并可以同时被一个以上使用者使用，因而具有多次消费性。另一方面，公路具有可以量化的使用价值和明确的直接受益者，这在一定程度上体现了公路的商品性。与一般公路相比，高速公路具有较强的商品性质。公路在建设和养护管理过程中消耗了物资和人力资源，使货币资本转化为生产资本，在提供人或物的"位移"这一特殊商品的生产过程中，它们的价值转化为两部分：一是公路用户由于交通条件改善而获得的直接经济效益；二是交通条件改善所产生的间接经济效益。公路所产生的直接经济效益不但是可以量化的，而且受益主体明确，即公路用户。

高速公路所特有的商品属性，为高速公路的筹资、建设及运营管理采用不同于普通公路的方式奠定了基础。在我国，高速公路基本上都是收费公路。收费公路是通过运用市场机制把部分公路项目由传统采用的无偿使用方式转变为收取通行费的经营方式，以吸引各方对公路建设的投资。也就是说，政府通过特许一定的期限对公路用户实行收费，无论其经营实体是政府交通主管部门还是国内外经济实体，作为基础设施类的公路只是在特定时期内拥有了一定的经营权，而公路基础设施的所有权始终没有发生变化和转移，公路作为基础设施的公益性属性也没有改变和转换。由此看来，收费公路只是公路基础设施运营方式转变的一个有效载体，是公路基础设施实现市场融资、拓宽投融资渠道的有效途径。

第二节　交通运输与经济发展

交通运输是实现各项社会经济活动的重要基础,对经济发展起着十分重要的推动作用。

一、交通建设项目对宏观经济增长的影响

投资与经济增长之间存在着一种相互促进、相互制约的紧密关系。一方面,经济增长是投资得以扩大的基础。投资的来源离不开国民经济的增长,投资多少以及投资在国民收入中所占的比重都受国民经济增长水平的制约。另一方面,投资增长是经济增长的必要前提,在一定的科学技术水平和有限的资源条件下,经济增长速度在相当大的程度上取决于投资的多少及其增长率。

投资通过其需求效应来拉动经济增长,在投资生产活动中需要直接和间接地消耗各个部门的产品,使投资需求增加,并且在投资生产活动中,由于国民收入增加还将引起消费或投资需求的不断增加,这就必然导致最终需求的增加,引起对经济的扩张作用。然后,投资又通过其供给效应来推动经济增长。所谓投资供给是指交付使用的固定资产,既包括生产性固定资产,又包括非生产性固定资产。生产性固定资产的交付使用,直接为社会再生产注入新的生产要素,增加生产资料供给,为扩大再生产提供物质条件,直接促进国民经济的增长。非生产性固定资产则主要通过为劳动者提供各种服务和福利设施,间接促进经济增长。

投资具有创造需求和创造供给的双重功能。从这个角度考察,高速公路项目对国民经济的拉动作用大体上可以体现为两个部分:一部分是需求效应,指公路投资活动本身对增加国内生产总值、扩大有效需求、拉动经济增长的作用;另一部分是供给效应,指公路建成通车后,通行能力增加和行车条件改善,带来运输费用降低、客货在途时间节约、交通事故减少等由公路使用者直接获得的经济效益,特别是推动公路运输业发展、提高综合交通运输体系效率,以及因区域交通条件改善和区位优势增加,而通过不同途径对区域内社会发展产生的促进作用。后者较前者来讲,对经济发展的促进作用更大,持续时间更长,涉及范围更广。

交通运输基础设施建设投资对国民经济的拉动作用首先表现在它对GDP(国内生产总值)的计算产生了很大的影响。在我国,计算GDP一般采用支出法和收入法。根据支出法计算GDP时,包括一定时期内最终由居民消费、政府支出所购买及使用的产品和劳务价值额、企业投资所形成的资本形成额(等于固定资本和存货)及净出口。交通运输基础设施属于社会基础设施,也就是属于最终产品,应计入GDP中。根据收入法计算GDP时,包括各生产要素的收入(工资、利润、生产税、折旧)总和,即为生产最终产品而需要的一切生产阶段的增加值之和。基础设施建设过程本身会产生工资、利润、折旧和税金等增加值,并要消耗大量的水泥、钢材、木材等物品,这些中间消耗品的生产企业在为基础设施建设进行生

产的过程中也创造了一定数量的增加值。生产水泥、钢材、木材等的企业在生产过程中同样要消耗矿石、电力等中间物品(对基础设施建设而言,属于间接消耗品),这些物品的生产企业在生产过程中同样创造出一定数量的增加值。如此循环,直至最终产品的生产(即建成基础设施)。这一切生产过程中产生的增加值之和正好等于基础设施建设的支出总额,应计入GDP中。因此,无论用支出法还是用收入法计算GDP,交通运输基础设施建设投资都会使GDP增长。

交通运输基础设施建设具有投资密集和劳动力密集的特点,对其增加投入,可以带动钢铁、建材、机械制造、电子设备和能源工业等一大批相关产业的发展,并可以吸纳大量劳动力。铁路、公路、车站、港口、航道等基础设施的建设会带动建筑业的快速发展;交通运输基础设施的建设会刺激对交通运输工具的需求,从而推动汽车工业、船舶工业、机车工业、航空工业等机械制造业的发展;铁轨、管道和汽车、飞机、轮船等交通运输工具对金属的大量消耗会促进采矿业和冶金工业的发展;交通运输工具对煤炭、石油等能源的大规模需求能促进能源采掘业的发展。

大规模的交通运输基础设施建设不仅能有力带动一大批相关产业的发展,而且交通运输基础设施的改善和水平的提高又能够刺激那些需要其提供产品和服务的企业和居民的消费,有效地刺激国内需求。

对交通项目投资将产生乘数效益。交通项目建设能够使所在地区增加就业人员数量和增加工资收入,提高人民的收入和生活水平。对交通项目建设的投资增加,会使GDP有同等的数量增加,这也意味着居民、政府和企业会得到更多的收入。收入的增加会导致消费再支出,引致社会总需求和GDP的更大增加,这一系列的再支出无限持续下去,最终总和为一个有限的数量。此时,投资所引起的GDP增加量会大于投资本身的数量。这种现象称为交通项目投资的乘数效应,由投资增加所引起的最终GDP增加的倍数被称为投资乘数。投资乘数说明了对交通项目投资将对国民经济相关部门产生影响,可以扩大这些部门中企业的产出并提高利润水平,进而刺激消费的增长,最终促使经济增长。

二、交通项目运营与微观经济的关系

交通项目的建成通车,产生了明显的直接经济效益,促进了运输业的发展,改善了综合运输结构。下面以公路项目为例进行分析。

(一)产生了显著的直接经济效益

交通项目通车后,缓解了公路运输的紧张状况,改善了运输条件,产生了显著的直接经济效益。这些效益又称使用者效益,主要包括以下几方面。

1.运输成本降低的效益

这部分效益是出于公路技术等级的提高,即与以前的公路相比,在保修费用、轮胎、燃料消耗等方面的成本节省效益。

2. 运输时间节约的效益

修建一条高等级公路代替等级相对较低的普通公路,可以大量地节约旅客、货物和驾驶员的时间。利用有无分析法计算节约的时间,再利用机会成本的方法测算时间节约的价值,就可得到运输时间节约的效益。

3. 提高交通安全的效益

这部分效益是指公路建成通车后,与旧路相比较,由于交通安全事故的减少而产生的效益。

4. 减少拥堵的效益

这部分是指新公路的建成通车使原有相关线路和设施的拥堵程度得到缓解而产生的效益。

（二）促进了公路运输业的发展

高速公路是国道主干线的重要组成部分,更是地区公路网的主干骨架。为了充分利用高速公路发展经济,沿线各地区会加速县乡路、机场路和疏港路与高速公路的沟通,促进路网布局的完善以及公路等级和通行能力的提高,从而加快沿线地区公路运输的发展。这种发展表现在两方面:一方面是"量"的发展,即运输量的增长,以及公路运输行业的客运、货运、维修、搬运、运输服务五大分支行业产值的增加。另一方面是"质"的发展。当今世界,社会经济生活"信息化"和产品结构"高技术化"发展进程加快,竞争日益激烈,对运输服务的要求也越来越高。在发达国家,快运和物流业正是充分发挥了公路运输快速、方便、"门到门"的优势,适应了现代经济发展的客观要求,从而成为公路运输业发展的重点领域。当前我国经济持续快速发展,公路基础设施面貌日新月异,尤其是高速公路的迅速发展,为快速运输和物流业的发展提供了难得的发展机遇和良好的基础条件,只要运用得当,必将带来运输结构的改善。运输领域的拓展极大地提高了公路运输的服务质量和效率。

（三）改善了综合运输结构

现代交通运输业包括铁路、公路、水运、航空、管道五种运输方式,各种运输方式间存在着很大的互补性,但在一定的条件下某些运输方式间也存在较强的竞争关系。各种运输方式间的有序竞争会促进各自不断提高自身的服务水平,更好地满足社会需要,真正得到实惠的是广大旅客和货主,受益的是包括我们自己在内的社会公众。

我国交通运输体系长期以来处于以铁路为主体、公路为辅助的状态。随着国民经济的发展和运输需求的变化,这种运输结构已显示出很大的不适应,铁路运输日趋紧张,运输能力无法满足不断增长的客货运输需求。高速公路的迅速发展,使公路的大动脉作用日益明显,改变了以往公路运输在综合运输体系中只具有短途、零散、中转接续功能的附属地位,开始在现代化高起点上与其他运输方式相匹配。在综合运输体系中,公路运输完成的客货运周转量占各种运输方式的比重明显上升。

近年来铁路实行"提速战略",改善既有线路条件、发展新型列车,采取优化运输产品结构、提高服务质量等措施,开创铁路新风,备受社会瞩目,这正是随着高速公路的发展,各种运输方式相互竞争、相互促进的直接结果,随着中国高速铁路的快速发展,高铁成为人们出行的方式。

三、交通运输业对区域经济发展的推动作用

交通项目的通车运营,改善了区域内及区域间的运输条件,区域社会发展的空间结构趋于合理,从而对区域社会发展的各个方面产生了综合影响。

人类的各种经济活动都是在一定的空间内进行的。社会经济空间是社会经济活动中物质、能量、信息的数量及行为在地理范畴中的广延性存在形式,即其形态、功能、关系和过程的分布方式和分布格局同时在有限时段内的状态。社会经济活动的空间结构是一定区域范围内社会经济各组成部分的空间位置关系以及反映这种关系的空间集聚程度和规模。从区域开发与区域发展的大量实例中可以看出,空间结构在区域经济社会发展中的影响是非常突出的,是反映区域发展状态本质的一个重要方面,是从空间分布、空间组织的角度考察、辨认区域发展状态和区域社会经济有机体的罗盘。

区域经济学中的空间决定论认为,要使一个区域获得大规模开发和迅速发展,必须首先发展交通运输网和通信网,即空间—距离—可达性对区域经济发展具有先决性。这一理论明确指出了交通基础设施在区域经济发展中所具有的重要地位。交通基础设施的影响和作用可以进一步通过区域科学中的引力模型来解释。交通设施的便利降低了两地间往来的运输成本(包括货币或时间),从而提高了区域内潜在目的地的空间可达性(或吸引力),促进了区域中各种社会经济活动在空间中的相互作用。当一个区域具备这种区位优势时,就会产生一种引力,有可能把相关企业和生产力要素吸引过来,在利益原则的驱动下,形成产业布局上的相对集中和聚集,从而促成该地区经济的发展。这种引力就称为区位优势。

交通运输普遍存在于人类的社会经济活动中,它为经济活动提供空间联系的环境,区域社会经济系统中经济要素的排布、经济活动的空间格局和基本联系,都首先要依靠交通运输,以运输网为基础形成经济活动的地域组织。运输网的不断加强、扩展和综合化,加上其他方面的基础设施,再加上商业关系、金融关系和企业间的分工协作及集团化联系等,就构成了现代经济空间结构变化的基础。因此,交通运输是社会经济空间形态形成和演变的主要条件之一。在经济生活的一切创造革新中,运输工具的革新在促进经济活动和改变工业布局方面具有最普遍的影响力。

交通运输对区域经济社会发展的巨大作用在于:通过提高区域的空间可达性(所谓空间可达性是指一个区域与其他有关区域进行物质、能量、人员等交流的方便程度,其内涵是区域内部及区域之间社会经济联系的方便程度),可以改善区域社会经济空间结构的合理性,增强区域内部以及区域之间社会经济的有机联系,促进区域社会经济的协调发展。现代经济发展的历程也表明,从空间分布的角度看,现代经济的发展总是首先在运输资源相对丰富的地区或区域形成增长极。经济增长极之间通常都存在较强的相互作用,并在它们之间

形成"经济场"，从而对它们之间的地区和其他地区产生经济极化效应，带动整个经济更高效、更有序地发展。

第三节　现代交通运输系统

现代交通运输系统是由铁路、公路、水运、航空和管道等五种主要运输方式组成的复杂系统。各种运输方式都有其自身的技术特点和经济特性。在现代交通运输业中，一次成功的运输往往不是由一种运输方式就能实现的，而是采用了很多种运输方式。研究现代运输系统既要独立地分析各种运输方式的特点，又要把整个交通运输业看成一个有机的系统，即各种运输方式既相互独立又互为补充。

各种运输方式的发展所涉及的因素很多，不仅有技术因素、经济因素和社会因素，还有国防因素。由于交通运输是国民经济的一个组成部分，应该适应国民经济和社会发展的需要。因此，各种运输方式的发展应该根据不同时期的社会经济条件、国内外发展形势，全面分析和综合考虑各种情况。

综合运输体系中各种运输方式在实现交通运输服务的过程中存在一定程度的可替代性，因此必然会充分利用各自的优势和特长去争取更大的市场份额。改革开放以来，随着市场经济的发展，各种运输方式之间及内部的竞争，促进了综合运输体系的建立。不断完善的运输市场环境，促使各种运输方式在良好的发展过程中进行有序、公平竞争，在竞争中协调发展。

运输是物流实现的基础，是物流活动的核心业务。了解各种物流运输实际操作规范，掌握物流运输各种模式的基本作业环节，根据客户的要求以及承运的货物种类选择合理的运输方式，在预定时间内高效率、低成本地将货物运送到目的地，是物流运输管理追求的目标之一，对优化物流系统和组织合理运输具有十分重要的意义。

一、铁路运输

铁路是一种适宜于远距离的客、货运输的重要运输方式。在我国这样一个幅员辽阔、人口众多、资源丰富的大国，铁路运输在目前甚至在可以预见的未来，都是统一运输网中的骨干和中坚。

（一）铁路运输管理

1. 铁路与国家政治和国民经济的重要关系

我国社会经济是在特定的地域、资源分布、人口、民族环境中发展的。虽然我国铁路营业里程在总量上尚处于短缺状态，路网结构对国土的覆盖性尚有较大差距，但在这一特定环境中，铁路运输仍然为我国社会经济发展提供了强有力的支持。

（1）我国地域辽阔，铁路成为联结全国和国民经济的纽带

我国国土面积居世界第三位，东西跨度 5400 公里，南北纵贯 5200 公里，属典型的大陆性国家；四大直辖市、各省会城市之间的直线平均距离为 1400 公里。铁路运输以其运距长、连续性强、规模集约等特点，将全国经济有机地联结起来，突破了地域辽阔对全国经济整体性与联系性的空间阻隔。

（2）铁路成为改变我国资源分布和工业布局非均衡性的大动脉

我国中西部、北部地区资源丰富，如山西、陕西、内蒙古西部即"三西"地区；我国的木材一半以上产于东北；石油和矿冶材料多分布于东北、中部与西部地区。由于东部地区工业发达，但资源蕴藏稀缺，因而形成了东部能源、原材料的需求带与东北、中部、西部地区的能源、原材料供应带的经济格局。这一经济格局产生了大量的重质长途货流，铁路运输承担了我国重质长途货流的绝大部分市场份额。

（3）铁路成为改善我国地区间社会经济发展非均衡性的重要手段

由于历史和自然因素，我国存在许多经济发展较落后的地区。而经济落后地区的共性之一就是交通不便，使其缺乏与外部经济的联系，导致这些地区的资源和产品无法在全国范围内与其他地区形成正常的交换和交流。我国若干经济落后地区一旦被铁路运输所覆盖或辐射，往往能在更大空间范围内融入国民经济发展的整体，可以在与外部经济的联系中加快自身经济发展的进程。铁路对落后地区经济发展的激励、对舒缓地区间社会经济发展的非均衡性发挥了极为重要的作用。

（4）我国人口众多，铁路成为旅客不同运距、不同层次运输需求的重要载体

无论是跨地域的长距客运、中距离的城间客运，还是短距离的城市周边客运，铁路都以其安全、舒适、便利、快速的运输优势，满足了旅客不同距离的旅行需求。由于我国目前发展阶段所决定的人们的收入水平普遍较低，铁路客运提供的不同档次、不同价位的运输工具，往往成为大多数人首选的出行方式，满足了不同收入和消费层次旅客的旅行需求。我国近年来大量农业人口迅速由农业转向其他产业，这是中国由农业社会向工业社会转型的主要标志之一。这种转向往往伴随着农业人口跨地域、大范围的转移，铁路客运成为农业人口转移的主要运输工具，为中国由农业社会转型为工业社会做出了重要的贡献。

（5）铁路为少数民族地区社会经济的发展提供了有效的支持

我国少数民族多聚居于国土的周边地区，或是交通难以通达的地区。这种在地理上与内陆形成的天然阻隔，极大地限制了少数民族地区与内陆的经济往来，成为少数民族经济发展的重要障碍。我国重点修建的若干条联结少数民族地区与内陆的铁路通道，不但沟通了少数民族地区与内陆的经济联系，极大地促进了少数民族地区的经济发展，而且成为带动少数民族进入现代文明社会的重要因素之一，加速了少数民族地区的社会进步。

（6）铁路为社会、经济、政治稳定提供了重要保障

我国铁路承担并高时效性地完成了大量重点物资，如因各种需要而必须紧急调运的物资、救灾物资、国防以及国土开发所需物资的运输任务，在支援国家重点经济建设、增强抵御

与救治自然灾害的能力、保证国家稳定、加强国防边防、巩固国家的政治统一等方面发挥了极为重要的作用。

综上所述，铁路运输仍将是我国综合运输网络的主框架，工业化初期是货运为主的时代，且以初级产品为主的大宗货物是主要运输货种，加之我国幅员辽阔，矿产、能源集中于西部，加工业集中于东南沿海地区，决定了铁路在相当长的时间内仍将是货运方式的主力。如果高速铁路和磁悬浮列车技术有所突破，这一货运方式使商业化运营发挥更大的作用。

2. 铁路运输对区域经济的促进作用

铁路运输对经济发展的作用如前所述，下面分析铁路运输对我国建立市场经济的支持作用。

（1）铁路运输促进了我国统一市场的形成

开放的统一市场是市场经济体制的基本要求之一，而交通运输则是满足各区域市场交换需要以形成统一市场的必要条件。在市场经济体制的建立过程中，各区域的多种生产要素市场和消费市场的建立趋于深化，市场体系正在逐步形成，区域间的市场交换愈加频繁。在地域辽阔的地理背景下，铁路所拥有的大通道、大网络运输优势，促进了各类要素在一国范围内的流通与交易，从而有力地促进了全国统一市场的形成。

（2）铁路运输促进了资源空间形态的优化配置

市场经济的规定之一是分工经济，分工的专业化与协作性则导致了资源实现更高效率的配置。分工既有产业部门的分工，也有区域间的分工，而区域间的分工便产生了资源空间位移的需要。我国在市场经济体制的建立过程中，区域间的分工协作日益发达。铁路在中长距离且呈规模性的运输中所具有的不可替代的特点，使得资源位移突破了狭窄地域的限制，实现了在一国范围内的空间配置最大化。铁路运输为资源在更广阔的空间范围的优化配置提供了最为有效的载体。

（3）铁路运输促进了市场广度的开拓和深度的开掘

市场的广度是与交通运输的通达程度成正比的。各种要素通过铁路运输进入不同地域的市场往往会有不同的价值与使用价值表现。某些要素在一个市场中仅表现为具有简单的、低程度的使用价值，而在其他地域的另一市场中却会表现为具有多样性的、高程度的使用价值。这一状况又决定了某些要素在一个市场中只能获得较低的价格，而在其他地域的市场上则会获得更高的价格，从而使经济主体得到更高的收益。

（4）铁路运输为经济主体的市场活动提供了低社会成本基础

在市场活动中，一个经济主体的经营成本决定了自身的收益程度，因而降低经营成本是任何经济主体市场活动的理性选择。而经济主体经营成本的降低是通过多种途径实现的，交通运输费用构成了经济主体现代市场活动的主要内容之一。铁路运输由于价格相对低廉，从而为经济主体运输成本的有效降低提供了最佳选择。由于铁路运输产品具有公共产品的性质，因此经济主体对铁路运输产品的选择会降低社会经济的整体运行成本，从而为社会福利最大化创造一个有效的前提。

（二）高速铁路运输

1. 高速铁路运输的发展

中国高速铁路（China Railway High-speed，CRH，简称中国高铁）是指新建设计开行250公里／小时（含预留）及以上动车组列车且初期运营速度不小于200公里／小时的客运专线铁路。高铁具有载客量高、耗时少、安全性好、正点率高、舒适方便、能耗较低等优点。

当下，中国高铁已经成为"中国名片"，代表着中国产业从"制造"到"创造"的升级。中国高铁还在国际上开拓市场，在亚非国家新建铁路，在一些发达国家也有项目，其机械设备出口欧洲国家，并且得到过以机械行业发达著称的德国的称赞。

2. 高铁对区域经济和产业格局的影响

（1）提升城市间通达度，降低时间成本

高铁的建设与运营提高了各等级中心城市的通达度，缩减了城市间人们的通勤时间以及商务活动的出行时间。高铁的开通缩短了城市间的经济距离，城市间经济活动相互间发生联系的机会和程度也就随之提高，使中心城市对外的辐射能力和影响能力不断增强。同时，高铁开通所节约的时间成本可以创造出更多的额外价值，促进沿线城市生产力的提升。高铁的运营将部分客运铁路的运力释放给了货运，缓解了以往铁路货运紧张的状况，提升了货运效率，促进了高铁沿线区域的经济增长。

（2）促进生产要素和知识信息的流动

高铁是生产要素、知识和信息实现快捷流动的重要载体。生产要素的流动能完成区域资源的空间配置和优化重组，而知识和信息流动将促进区域技术进步和创新萌发。一方面，高铁增强了各级城市的交通可达性，扩大了资金、资源、中间产品等生产要素的流通范围，加快了经济资源的开发与利用，实现生产要素在更大地域范围内的优化配置，使其潜能得到最大程度的发挥。另一方面，高铁的开通运营也促进了人力资本的频繁流动。人力资本是知识和信息的载体，人力资本的频繁流动伴随着知识信息和技术的扩散、制度文化的交流，从而刺激生产、提升经济运行绩效、增加就业，推动创新和技术进步。

（3）加强区域间的分工和专业化

高铁改善了区域交通条件，拉近了城市间的时空距离，降低了协作成本，城市间的同城效应凸显，经济往来更加密切。由此促进城市间产业发展的分工和协作，使得各个城市能立足各自的优势实现专业化生产。分工可以在产业层面、产品层面，以及产品内、价值链层面展开，由此产生的专业化可以提高工人的劳动技能，降低劳动时耗，提高劳动效率，提升区域经济的竞争力。在运量丰沛、运价低廉、时间快速的前提下，不同等级城市的比较优势将会逐步放大，从而在更广的范围内促使城市间的分工，并带来专业化和精细化，使得中小城市加入大城市的产业协作体系，促进区域经济协调发展。

（三）铁路运输系统的特点

1. 铁路运输速度较快、运力大

货物运输的送达速度除运行时间外，还包括途中的停留时间和两端的作业时间。铁路列车运行时速一般在 80 ~ 160 公里，高速铁路运行时速可达 250 ~ 350 公里。铁路列车在运输过程中需要编组、解体和中转改编等作业环节。在长途运输条件下，铁路的送达速度高于水路与公路运输，但在短途运输上则低于公路运输。

在运输能力方面，铁路货运能力远远超过航空运输和公路运输。一般铁路每列货车可装载 3000 ~ 4000 吨，重载列车可装载 5000 吨以上的货物。运行组织较好的国家，单线单向年最大货物运输能力达 4000 万吨，复线超过 1 亿吨。目前各国还在不断加强铁路机车车辆的技术改造和运输组织方式的优化，使铁路货物运输向集中化、单元化和大宗货物运输重载化的方向发展。

2. 铁路运输成本较低

根据规模经济原理和距离经济原理，载运工具在其经济距离范围内，所承载的运输量越大，行驶里程越长，其单位运输成本越低。由于铁路运输承载量大，运输距离长，所以能够较好地提高规模经济效应和距离经济效应。铁路运输的单位成本在通常情况下比公路运输、航空运输要低许多，有时甚至低于内河运输。

3. 铁路运输计划性强，安全性好

铁路运输不易受大雨、大雪、台风等气象条件和自然环境的影响，能保证全年运输。铁路运输一般是按计划运行，能保证客货的运送时间，且到发时间准确性较高。由于铁路运输是轨道运输，所以安全系数较大，安全性好。

4. 铁路运输总体能耗低

统计数据表明，铁路运输每千吨，公里消耗标准燃料为汽车运输的 1 / 15 ~ 1 / 11，为民航运输的 1 / 174，但是高于沿海和内河运输。

5. 铁路运输通用性好、机动性差

铁路运输通用性好，能运输各类货物，并可实现背驮运输、集装箱运输等。但是铁路运输机动性差，只能在固定的线路上实现运输，无法实现"门到门"的运输，需要汽车等其他运输方式的配合和衔接。

6. 铁路运输始发与终到作业时间长

铁路货物运输在两头站点需要有列车的编组、解体和转轨等作业环节，占用时间较长，因而增加了货物的运输时间，使得货物滞留时间长，不适宜运距较短的运输业务和紧急运输业务。

7. 铁路运输设施设备投资大，建设周期长，占地多

铁路线路、机车车辆、车站等技术设备需要投入大量的人力物力，投资额大，建设周期长。随着人口的增长，这将给社会增加更多的负担。大量资金、物资用于铁路建设工程，如

路基、站场等,一旦停止营运,不易转让或回收,损失较大。

综上所述,铁路运输的优点包括:巨大的运送能力;廉价的大宗运输;较少受天气、季节等自然条件的影响,能保证运行的持续性;计划性强,比较安全、准时。铁路运输的缺点包括:受轨道限制,灵活性较差,必须有其他运输方式来集散客货;始建投资大,建设时间长;始发与终到作业时间长,导致送达时间较长;设施建设投资较大,一旦停止营运,不易转让或回收。总体而言,铁路运输适合于大宗低值货物的中长距离运输,如散装货物(如煤炭、金属、矿石、谷物等)、罐装货物(如化工产品、石油产品等)的运输;也适合于大批量、时间性强、可靠性要求高的一般货物和特种货物的运输。

(四)铁路货物运输作业管理

我国铁路部门为提高铁路货运管理水平和工作质量,严格管理制度,安全、迅速、经济、便利地组织货物运输,制定有专门的铁路货物运输管理规则。该规则明确了铁路货物运输作业各环节的基本内容和质量要求,各地方铁路局在不违反该规则的条件下,可结合具体情况制定补充规定,并报国家铁路局备案。

车站应根据批准的月度货物运输计划和(中、上、下旬)装车计划受理货物运单。在受理零担、集装箱或按特定条件运输的货物时,必须按照有关规定进行办理。

车站受理货物运单时,应确认托运的货物是否符合运输条件,各栏填写是否齐全、正确、清楚,领货凭证与运单是否一致。对营业办理限制(包括临时停限装)、起重能力、证明文件等项进行审查。

对搬入货场的货物,车站要检查货物品名与运单记载是否相符,运输包装和标志是否符合规定。按件数承运的货物,应对照运单点清件数。零担和集装箱货物要核对货签是否齐全、正确。对个人托运的行李、搬家货物,要按照物品清单进行核对,并抽查是否按规定在包装内放入标记(货签)。需要使用加固材料的货物,应对加固材料的数量、规格进行检查。对超限、集重货物,应按托运人提供的技术资料复测尺寸。按规定由铁路确定重量的货物,要认真过秤。由托运人确定重量的货物,车站应组织抽查。抽查的间隔时间,每一托运人(大宗货物分品种)不超过三个月,零担和集装箱货物不超过一个月。对按体积计算重量的货物,应以定期检查的比重(每立方米重量)作为计算重量的依据。货物应稳固、整齐地堆码在指定货位上。整车货物要定型堆码,保持一定高度。零担和集装箱货物,要按批堆码,货签向外,留有通道。需要隔离的,应按规定隔离。货物与线路或站台边缘的距离必须符合规定。

以杠杆式台秤、地秤过秤,使用前应进行检查,并符合以下规定:摆放平稳,四角着实,台板保持灵活;将游砣移至零点时,横梁保持平衡;标尺与增砣的比率必须一致;地秤的台板与秤枢间必须保持平衡、灵活。

往衡器上放置或取下货件时,须关闭制动器。过秤时不准触动调整砣、砣盘,禁止以其他物品代替增砣。以轨道衡、电子秤或其他衡器过秤时,应按照计量部门有关规定和技术条件制定检查和使用办法。衡器的使用和保管应有专人负责,按台建立衡器履历簿,并及时、正确填写。衡器发生损坏、检定证明丢失、空秤不能调整平衡、机件缺损变形,或称量误差超过国家规定标准时,均不得使用。

货物进齐验收后,车站应予签证,及时办理承运。承运的整车货物要登记货物承运簿,集装箱货物登记集装箱到发登记簿,零担货物根据业务量大小可以登记到货物承运簿,也可以由车站自行建立登记制度,并将登记资料装订成册,妥善保管。货物运单"承运人填写"部分和货票填制要符合相关规定,加盖的车站日期戳纪要清晰、正确。在作业环节之间,对货物和运输票据要进行严格交接。车站应建立货票自核、互核、总复核制度和票据、现金管理制度。存查的票据要装订整齐,妥善保管。对领货凭证,应正确填写货票号码及各栏内容,加盖承运日期戳,确认无误后连同货票丙联一并交给托运人。凡派有押运人的货物,应向押运人宣传并发给"押运人须知",由托运人在货票甲联上签收。

承运易腐货物时,车站要按照有关规定办理。对规定未列品名而易于发生腐坏、变质的货物,车站应认真审定运输条件。易腐货物装车时,要检查装载方法是否符合规定要求。以冷藏车装运的,应检查装车单位填写的冷藏车作业单是否齐全、准确。使用加冰冷藏车的,应检查托运人是否加足冰盐,并将作业单附在运输票据中随车递送,途中加冰时,加冰站应认真填写加冰作业记录。使用机械冷藏车的,应将该作业单交机械冷藏车乘务组递交到站。到站应负责检查冷藏车情况,在作业单上填记到站作业记录,并妥善保存。

承运危险货物时,车站要按照相关规定,对品名、编号、类项、包装、标志以及托运人记载事项栏的内容进行检查。对危险货物品名索引表中未列载的危险货物或改变危险货物包装时,应按铁路部门批准的运输条件进行办理。经常办理危险货物运输的车站,应根据具体情况制定承运、交付、包装检查、内部交接、装卸作业等安全措施和管理制度。

二、公路运输

公路运输是现代运输的主要方式之一,它与铁路运输一起构成了陆上运输的两个基本运输方式。从广义上讲,公路运输是指利用一定的载运工具(人力车、畜力车、拖拉机和汽车等)沿公路(一般分土路、有路面铺装的道路、高速公路)实现旅客或货物空间位移的过程。由于汽车已成为现代公路运输的主要运载工具,因此从狭义上讲,公路运输是指汽车运输。

(一)公路运输的组成结构及其基本功能

从技术结构上看,公路运输系统由基础设施及运输工具两部分组成,前者主要包括公路及其附属设施、站场及其附属设施、公路交通控制与管理设施等。在现代社会中,公路运输工具主要是汽车。

公路运输既能承担干线运输任务,也能与其他运输方式配合完成"门到门"送达任务,这是其他运输方式不具备的功能。公路运输的货运量、周转量在各种运输方式中都名列前茅,已成为综合运输系统中不可或缺的组成部分。

（二）高速公路运输

高速公路是专供汽车行驶的汽车专用公路。高速公路严格限制出入，往返车辆在分隔的车道上快速行驶，全部采用立体式交叉口，采用较高的设计技术指标，配备完善的交通设施，从而为大量汽车安全、舒适、便捷地运行提供了保证。在我国，高速公路是全国公路网中的主骨架和干线公路的主要形式，且绝大多数高速公路是收费的。高速公路是在普通公路的基础上，采用现代筑路施工技术、现代通信技术、现代控制管理技术和现代运输技术等一系列最新科技成果，所建立起的资金密集、知识技术密集型的现代交通运输系统，它具有其他多种运输方式所不具备的特性。

高速公路对区域经济产生的影响，是由高速公路自身所具有的一系列特性所决定的。这些特性包括运行速度快，通行能力大，有效运用了汽车这一载运工具灵活、方便的特性，加快了与铁路、航空、港口和管道等多种运输方式的衔接。高速公路及其所形成的高速运输系统，对区域经济的发展起着十分重要的作用。

1. 高速公路运输的特性

与一般公路相比，高速公路运输具有以下特点。

一是运行速度快、运输费用省。高速公路高标准的路面和通道式布局走向，无干扰全天候运行，大大增加了运输的可靠性，使汽车这一运输工具的潜能得到了最大限度的发挥。由于车速的提高，降低了油耗、车损和运输成本，缩短了运行时间。此外，高速公路由于采取了控制出入、交通限制、分隔行驶、自动化监控等确保行车快速、安全的有效措施，使交通事故率比一般公路的事故率大大减少。据统计，高速公路的事故率和死亡率只有一般公路的 $1/3 \sim 1/2$。

二是通行能力强。通行能力是指单位时间内道路容许通过的车辆数，高速公路上的多重车道、并行无干扰开通运行，使单位时间内的客货流量大幅度增加。一般双车道普通公路的最大通行能力约为 5000 ~ 6000 辆／昼夜，而一条四车道的高速公路的最大通行能力约为 2.5 万 ~ 5.5 万辆／昼夜，相当于 7 ~ 8 条普通公路的通行能力，而六车道或八车道的高速公路可达 7 万 ~ 10 万辆／昼夜。高速公路的建设，还有力地促进了汽车运输的大型化（重型载货汽车）、拖挂化（汽车列车）、集装箱化和专用化（如冷藏车等专用特种车辆）等。

三是有效发挥了汽车这一载运工具灵活、方便的特性，加快了与铁路、航空、港口和管道等多种运输方式的衔接，特别是与高速铁路、民航等现代运输方式组合所形成的高速综合运输网络，更使社会经济运行的效率和水平大大提高。

2. 高速公路产业带理论

高速公路产业带是指以高速公路为基本走向，并向高速公路两侧扩延，产业群体相对集中，经济发展高于周边地区平均水平的带状区域。根据区位经济理论，一个区域只要具备某种有利于经济发展的必要条件，这个区域与其他区域的差异就会形成一种优势，从而产生一种引力，有可能把相关企业和生产力要素吸引过来，在利益原则的驱动下形成产业布局上的相对集中和聚集,从而促进该地区经济的发展。公路交通作为一种重要的区位因素,其发展形成了沿线地区的交通优势,尤其是高速公路运输这种先进的运输生产力,以其快速、安全的特点,为区域经济发展提供了更为优越的区位条件,促进了产业带的有机形成。

从空间结构变化看,产业带的形成是按照"点—轴—集"聚带的顺序逐渐演进的。公路,尤其是高速公路交通的发展,首先在若干"点"上形成区位优势(如高速公路沿线各匝口附近),为资金、技术、人才等生产要素向这些点位聚集提供动力。随着一批支柱产业的建立,金融、保险、商业、咨询、饮食、医疗等服务行业也会聚集到附近,形成一种更加强大的集聚效应。然后沿公路的"轴"线发展,继而向周围地区放射扩散,经过长时期的开发建设,在区域内形成经济活动密集的重要集聚区域——产业带。

产业带的形成是经济较为发达的空间结构标志,也是经济技术获得进一步发展的空间结构形式。"点—轴—带"式开发可顺应工业、商业和其他服务业在空间上集聚成点的客观要求,充分发挥各"点"的集聚和扩散效应,实现工业布局和交通等基础设施的最佳结合。"点—轴—带"式开发还有利于城市间以及城乡间的便捷联系,有利于实现区域间的专业化分工与协作,组建高效率的地域经济网络。这种"点—轴—带"式的演变规律已在各国的经济发展历程中得到证实。现代大经济就是这样以交通运输基础设施为依托,通过"点—轴—带"的开发方式渐进发展,从点到线再到面进行空间扩散和推移,使各区域的国土资源获得充分和均衡的开发利用,促进区域的经济社会发展,而公路交通自然功不可没。

根据国外的经验,一条高速公路建成后的 10 年内,产业聚集的效果十分明显,其两端的大城市沿高速公路走向延伸发展,在各个出入口区域形成一系列卫星城镇或经济开发区,并以高速公路为轴线扩散形成产业带。

3. 高速公路促进沿线产业的发展和产业结构的调整

高速公路创造了便利的交通条件,使企业能源、原材料得以及时输入,产品能够及时输出,为企业降低了流通成本。通畅的运输加速资金周转,为企业创造了利润,高效的物流条件提高了企业的市场竞争能力。

高速公路为高新技术产业创造了良好的区位条件,能很好地促进高新技术产业的发展。近年来我国在高速公路沿线出现的产业就明显地表明了这一点,如电子信息、机电、新材料、生物工程技术等产业多集中在交通便利的高速公路出入口周围区域,形成特殊的产业园区。

高速公路产业带也带动了乡镇企业的发展和壮大。我国的乡镇企业已在现代化建设中具有重要的地位,是我国工业化进程中不可或缺的有生力量,其发展更是离不开公路运输。在我国乡镇企业发达的长江三角洲、珠江三角洲地区,各种经济成分的企业竞相向高速公路聚拢,高速公路的走向对企业群体布局有着明显的诱导作用。

公路建设,特别是以高速公路为代表的高等级公路的建设,相对缩短了人员交往和商品流通的时空距离,为人与物的流动创造了有利条件,促进了商业、旅游业等第三产业的发展。以高速公路为代表的高等级公路使商品流通在更大的空间进行得以实现,扩大了市场的范围。例如,京津塘高速公路的建成通车极大地缩小了京津两地的时空距离,天津的水产品可以及时送达北京,丰富了北京人民的菜篮子。同时,公路交通本身就意味着人和物的流动,会带来沿线地区经济的发展,促进各类大小集贸中心的形成。高速公路也为沿线旅游业提供了便利的条件,促进旅游景点向纵深拓展并提高旅游业的综合服务水平。

4. 高速公路加快沿线中小城镇的发展

交通运输网络是城镇体系发展的基础,是进行城镇体系布局要考虑的最主要的因素之一。高速公路的发展缩小了城乡之间的距离,为城镇的发展创造了有利的空间条件,会带动新的城镇群体的出现和原有城市的扩展,调整区域城镇体系的布局,加速沿线的城市化进程。从杭甬等高速公路的发展看,城镇体系的发展与高速公路的发展有着互为依托、互为促进的极为紧密的关系。

杭甬高速公路的通车极大地促进了沿线城市的城市化进程。首先,杭甬高速公路把杭州、绍兴、宁波三市联成一体,促进了原有大中型城市的建设。其次,杭甬高速公路产生了强大的网络效应,将原来不相连的公路连接在一起,带动了沿线公路网的建设,也促进了沿线郊区卫星城、小城镇的发展。

5. 促进区域社会经济的平衡发展

我国区域间社会经济的发展还很不平衡,较为落后地区的发展除受资源、资金、技术、观念等方面的限制外,交通运输条件落后也是重要的制约因素。以高速公路为代表的高等级公路能够有效地缩短区域间的时空距离,扩大区域间的社会经济交流,为发达地区向较为落后地区辐射创造条件,有利于区域间的协调发展,特别有助于我国中西部地区的快速发展。县乡公路建设有利于农村经济特别是贫困、边远地区的农业经济的发展,改变传统、封闭、落后的面貌,使其向商品化、现代化的方向发展,也会极大地提高农村社会文明化程度。

(三)公路运输系统的特点

与其他运输系统相比,公路运输系统有以下特点。

1. 公路运输成本较高,运输能力相对较小

每辆普通载货汽车每次至多能运送 50 吨左右的货物,约为货物列车的 $1/100$。此外,由于汽车体积小、载重量不高,运送大件货物较为困难,因此在一般情况下不太适宜大件货物和长距离的货物运输。

2. 公路运输人员容易培训,货物包装要求简单,货损少

与其他运输工具相比,汽车驾驶技术简单,容易掌握,汽车驾驶员培训一般只需几个月的时间,而其他运输工具驾驶员培训则需要较长的时间。

因汽车载量小,所以货物受压状况较好,对包装要求不高。一般情况下,运输途中货物不易发生剧烈颠簸、受撞情况,也无须中转装卸作业,因此包装简单、货损少。

3. 公路运输机动灵活

(1)技术上的灵活性

公路运输技术上的灵活性决定了其运输生产具有点多、面广、分散的特点,具体表现为:

①空间上的灵活性，即容易实现"门到门"运输；②运营时间上的灵活性。通常可实现根据客户需求随时启运，即提供随到随运服务，能灵活制定运营时间表，运输服务的弹性大；③载运量的灵活性。汽车的载运量可大可小，小的单车运输可载重 0.25 吨的货物，大的拖挂运输可载重几十吨的货物。可根据客户的实际需求安排不同吨位车辆进行运输；④运行条件的灵活性。汽车对到达地点的设施要求不高，能深入工厂、矿山、车站、码头、农村、山区、城镇街道及居民区等地点。因此公路运输服务范围不仅包括等级公路，还可延伸到等外级公路，甚至乡村便道，将货物从发货者门口直接运送到收货者门口，不需要转运或反复装卸搬运，而且对装卸设备、停靠场地要求不高；⑤服务上的灵活性。能够根据客户需求提供个性化服务，最大限度地满足不同性质的货物运送；⑥运输组织方式的灵活性。既可自成体系组织运输，又可作为其他运输方式的接运方式，或与铁路、水路联运，或为铁路、水路集散货物；⑦公司规模的灵活性。汽车运输公司可以通过增减汽车数量的方法适应市场供求变化；⑧汽车运输场站服务对象的灵活性。既可为众多运输企业服务，也可为经营个体使用。

（2）经济上的灵活性

道路运输经济上的灵活性主要表现在以下两个方面：①投资少。从业者可根据市场上的运输需求和自身的条件，灵活选择车辆的配备及场站建设的方式；②资金周转快，原始投资回收期短。

4. 公路运输道路设施占地多

土地是国家赖以生存和发展的宝贵资源。从世界各国实际看，道路建设均需要占用大量土地，1 公里双向四车道的高速公路占地约 4 公顷。随着经济的发展、汽车数量的增长导致道路运输占地多的矛盾将日益突出。

5. 公路运输劳动生产率低、能耗高、环境污染严重

公路运输的劳动生产率只有铁路运输的 10.6%，沿海运输的 1.5% ~ 7.5%，但比航空运输的劳动生产率高，约为航空运输的 3 倍。公路运输能耗分别是铁路运输能耗的 10.6 ~ 15.1 倍，沿海运输能耗的 11.2 ~ 15.9 倍，内河运输能耗的 13.5 ~ 19.1 倍，管道运输能耗的 4.8 ~ 6.9 倍，但比航空运输能耗低，只有航空运输能耗的 6.0% ~ 8.7%。

总体而言，公路运输适于中短距离运输，但随着高速公路网的修建，公路运输将逐渐形成短、中、长途运输并举的格局。

（四）公路货物运输作业管理

公路货物运输业务是分为接单、登记、调用安排、车队交接、提货发运、在途追踪、到达签收、回单、运输结算等多个环节的作业管理。

（1）接单，包括公路运输主管从客户处接受（传真）运输发送计划，公路运输调度从客户处接受出库提货单证，核对单证等业务。

（2）登记，包括运输调度员在登记表上登记分送货目的地，分收货客户标定提货号码，司机（指定人员及车辆）到运输调度中心拿提货单，并在运输登统本上确认签收等内容。

（3）调用安排，包括填写运输计划，填写运输在途、送到情况、追踪反馈表、电脑输单等内容。

（4）车队交接，包括根据送货方向、重量、体积来统筹安排车辆，报运输计划至客户处，并确认到厂提货时间等内容。

（5）提货发运，包括按时到达客户提货仓库，检查车辆情况，办理提货手续，提货，盖好车棚，锁好箱门，办好出厂手续，电话通知收货客户预达时间等内容。

（6）在途追踪，包括建立收货客户档案，司机及时反馈途中信息，与收货客户电话联系送货情况，填写跟踪记录，有异常情况及时与客户联系等内容。

（7）到达签收，包括电话或传真确认到达时间，司机将回单用 EMS 或传真方式发回公司，签收运输单，定期将回单送至客户处。

（8）回单，包括按时准确到达指定卸货地点，货物交接，百分之百签收，保证运输产品的数量和质量与客户出库单一致，了解客户产品在当地市场的销售情况等。

（9）运输结算，包括整理好收费票据，做好收费汇总表交至客户，确认后交回结算中心，结算中心开具发票，向客户收取运费等内容。

三、水路运输

水路运输是指使用船舶及其他航运工具在江河、湖泊、海洋上载运旅客和货物的一种运输方式。水路运输主要承担长距离、大批量的长途运输。在内河及沿海，水运也常作为小型运输工具使用，承担补充及衔接大批量干线运输的任务。水路运输也是干线运输中起主力作用的运输方式之一，其包括沿海运输、近海运输、远洋运输和内河运输四种形式。

（一）水路运输系统的组成与地位

水路运输是交通运输的重要组成部分。从水路运输方式看，水路运输可分为内河运输和海洋运输两大类。海洋运输又可分为沿海运输、近海运输和远洋运输三类。水路运输系统由船舶、港口、各种基础设施与服务机构等组成。

1. 船舶与港口

船舶是水路运输的主要运输工具。各类船舶根据其运输对象的不同，在船舶结构和性能方面各具特色。随着船舶技术的提高和水路运输业的发展，船舶正向大型化、自动化、高速化、专业化方向发展。

港口是水路运输的重要环节。如果说第一代、第二代港口的业务主要是调配和集散货物的话，那么 20 世纪 80 年代后的第三代港口已是资源的配置中心。现代港口是具有仓储运输、商业贸易、工业生产和社会服务功能的现代化、综合性的工商业中心和海陆空联为一体的立体交通运输枢纽。港口作为国民经济发展的基础设施，具有规模大、投资大，为水上运输提供货流、客流中转的保障，服务于国民经济和社会发展为宗旨的特征。

2. 主要基础设施

港口的水工建筑和港口水域及陆域设施是水路运输不可缺少的基础设施。港口水工建筑主要有防护建筑物、码头建筑物和护岸建筑物三类。海港的防护建筑物主要是为防止波浪对港口的冲击而建造的。它通常建于港口水域外围的深海中，在港口工程中被称为外海防护建筑物。码头是港口的主要水工建筑物的第二个组成部分，它是由码头主体结构和附属设备两部分组成。主体结构包括水上部分（码头面上胸墙、梁、靠船构件等）和水下部分（墙身、板桩、桩基等）；附属设备包括系船柱、护木、系网环等，使船舶停靠码头与装卸作业更加安全可靠。水工建筑物的第三个组成部分是护岸建筑物，其作用是对码头的岸边进行加固，确保码头泊位岸线的稳定。最常见的护岸建筑物有护坡和护墙两种。

3. 船舶经营者和各种代理业

船舶经营者是指以自有或租用的船舶从事客货运输的公司或个人。船舶租赁者是指船舶所有人不经营船舶的营运业务，而将船舶以租赁的形式出租给承租人，由承租人作为船舶经营者经营船舶营运业务。

对外贸易货物的国际航运业务还需要货运代理、船舶代理等各种运输服务机构。货运代理通常指报关行或运输行，是指以收取佣金替货主办理货物进出口报关手续，或以自己的名义接受海上货物运输的托运，并将自己承运的货物交由船舶经营者运输的行业。船舶代理业是指接受船舶经营人或船舶所有人的委托，为其在港口的船舶代办在港口一切业务的行业。根据具体的业务，又可分为：船舶代理人，即为船舶公司代办在港的各项业务和手续，或代为揽货的代理人；船舶营运代理人，即为船舶营运人（或承租人）代办船舶在港业务的代理人；船舶所有人代理人，即为船舶所有人代办船舶在港业务的代理人。

水路运输业与国民经济中的其他产业不同，它本身具有的基础设施并不生产有形的产品，而是为产品在商业的流通中提供运输服务。这个特殊性使水路运输业不仅是服务部门，而且是国民经济的基础产业，如水路运输中的航道和水域建筑物（如堤坝、港池、锚地及港口设施等）都表明了水路运输是国民经济的基础产业部门，这个基础产业具有资本密集、技术密集、劳动密集、信息密集的特征。

经济要发展，交通必先行；国际贸易要发展，水路运输必先行。这是因为国民经济贸易的发展必然需要运输大量的原材料、成品和半成品。20世纪70年代初，水路运输曾是我国对外开放和经济发展的瓶颈，由于港口设施的不足和落后，大量外轮在港外排队等泊位，使我国蒙受了巨大的经济损失，并影响了我国的国际声誉。日本是个资源较为缺乏的国家，在它经济腾飞的前期，它首先发展水路运输业，以优惠的政策鼓励发展造船业，以保护政策扶持本国船队的发展，使它在经济腾飞之时有充足的运力从世界各地进口优质的原材料，从而制造优质的产品，进入国际市场。历史的经验和教训使我们深刻认识到水路运输的先行地位。根据国际实证分析，水路运输能力发展的先行期一般为3～5年。

（二）海洋运输的特点与发展

海洋运输具有点多、面广、线长的特点，并且可以通过与内河运输的有效结合，将内陆经济腹地与世界连通，使处于运输交汇口的港口城市产生内陆经济腹地和国际港口城市两个极为宽阔的辐射面。连江通海的水路运输线路长，沿线的站点多，具有水路运输为腹地的经济建设提供量大价廉的运输服务的有利条件，可以体现水路运输对国民经济发展的重要作用。

海洋运输是增进人类全球性经济联系的纽带。海洋运输通过越洋通海连河的运输，将世界各地连成了一片，使各个国家和地区摆脱了封闭而走向世界，在与现代全球性的经济贸易的联系中取得自己的地位。在人类历史走进 21 世纪的今天，在航空仍不能解决大批量货物运输的现实情况下，载货量大、价廉和较为便捷的海上运输仍将是联系全球性经济贸易的主要方式，承担着全球性、区域间的货物运输，是为世界经济全球一体化和区域化服务的主要运输纽带。

海洋运输对国民经济的发展起着促进作用。海洋运输在运作过程中，不仅与造船业、建筑业、制造业及其他产业部门密切相关，更与金融业、保险业等行业密切相连。它的发展对于经济贸易来说起着服务保障作用，促进了国民经济的发展；它的发展同样为国民经济有关行业创造了就业机会，为国民经济的发展做出重要贡献。海洋运输通过国际航运对于发展国家的外向型经济发挥了基础性作用。海洋运输系统中良好的港口基础设施和航运服务质量是吸引国际资本的重要条件，对国家经济的发展具有重要的门户作用。

内河及沿海运输业将得到进一步发展。随着可持续发展的观念深入人心，低能耗、低污染的水路运输将再度受到重视。随着旅游出行所占份额逐年加大，水路运输在观光出行中具有不可替代的优势。结合我国得天独厚的内河水运资源，水路货物运输周转量的比例将保持在 45% 以上。由于集装箱的迅速发展，水路货物运输量也会略有增加。

（三）班轮运输业务

1. 班轮运输概述

班轮运输（liner transport），简称班轮（liner），在业内通常又可以称为定期船运输。

班轮运输是指在固定的航线上，以既定的港口顺序，按照事先公布的船期表航行的水上运输方式。班轮运输适合于货流稳定、货种多、批量小的杂货运输。旅客运输一般采用班轮运输。

班轮运输分为正规班轮运输与非正规班轮运输。正规班轮运输是以固定的船舶，按照以运行周期为依据编制的船期表靠离港日期组织运行，即定期定港班轮运输。非正规班轮运输是不定期、不定港、不定船的定线班轮运输，除固定的几个港口外，其余港口视货源情况决定是否停靠，事先不能编制一定期间的船期表。

班轮运输有时也称提单运输，因为在承运人和托运人之间仅用轮船公司签发的订有承运人与托运人双方权利和义务条款的提单处理运输时会发生问题，提单条款中明确规定：

发收货人必须按照船期提交和接受货物,否则应赔偿承运人的损失。

班轮运输作为航运公司提供的一种服务,有如下特点:

(1)承运人和货主之间不签订租船合同,仅按船公司签发的提单处理运输中的有关问题;

(2)通常要求托运人送货至承运人指定的码头仓库交货,收货人在承运人指定的码头仓库提货;

(3)班轮承运人负责包括装、卸货物及理舱在内的作业,并负责全部费用;

(4)班轮运输一般有固定港口、固定航线、固定开航时间,不计滞期费、速遣费,班轮运费比较稳定。

2.班轮运输业务运费

(1)班轮运费构成

班轮运费是由基本运费和附加费两部分构成的。计算公式如下:

班轮运费 = 基本运费 + 附加费 = 基本运价 × 计费吨 + 附加费

上述计算公式中,基本运费是指每一计费单位普通货物在正常运输条件下,从某基本港运至某基本港,船方按规定收取的货物运费。基本运价是运价表中对货物规定的必须收取的基本运费单价,是其他一些按百分比收取的附加费的计算基础。基本运费构成班轮运输应收运费的主要部分,基本运费是根据某一水平制定的,且相对保持稳定,而实际上在运输中出于船舶、货物、港口及其他种种原因,承运人会在运输中增加一定的营运支出或损失,因此为了补偿这部分损失,只能采取另外收取追加费用的方法来弥补,这部分不同类型的费用就是附加费。

为了保持在一定时期内基本费率的稳定,又能反映出各港口的各种货物的航运成本,班轮公司在基本费率之外,又规定了各种费用,主要有:

①燃油附加费

在燃油价格突然上涨,使船方的燃油费用增加而使船舶运输成本增高时,船方因燃油价格上涨而征收的附加费。

②货币贬值附加费

当货币贬值时,船方为弥补贬值后的损失而征收的附加费。货币贬值附加费一般用百分比表示,基本运费和附加费均要加收。

③转船附加费

对凡运往非基本港的、需转船运往目的港的货物,船方所收取的附加费,其中包括转船费和工程运费。

④直航附加费

托运人要求承运人将一批货物不经过转船而直接从装货港运抵航线上某一非基本港时,船公司为此征收的附加费。

⑤超重附加费、超长附加费和超大附加费

当一件货物的重量或体积达到或超过规定的数值时所加收的费用。

⑥港口附加费

有些港口出于设备条件作差或装卸效率低以及其他原因而向货方收取的费用。

⑦港口拥挤附加费

有些港口由于拥挤，船方因船舶停泊时间增加而向货方征收的附加费。港口拥挤附加费一般按基本运价的百分比征收，也有的按运费中的一定金额征收，它是一种临时性附加费，变动性较大，有时有些港口拥挤附加费可高达300%。

⑧选港附加费

货方托运时尚不能确定具体卸货港，要求在预先提出的两个或两个以上港口中选择一港卸货时，船方加收的附加费。

⑨变更卸货港附加费

货方要求改变原来规定的卸货港口，在有关当局（如海关）准许、船方又同意的情况下所加收的附加费。

⑩绕航附加费

由于正常航道受阻不能通行，船舶必须绕道才能将货物运至目的港时，船方所加收的费用。

（2）班轮运费计算

①运费计算标准

通常运费计收方式有按货物重量、按货物尺码或体积、按货物重量或尺码计收，选择其中收取运费较高者计算。按货物FOB（装运港船上交货）价收取一定百分比作为费用，称为从价运费；按每件为一单位计收，由船货双方临时议定价格收取运费，称为议价。

②班轮运价表

虽然各船公司的运价表形式由于航线数量及其他特殊情况而不尽相同，但内容上大同小异，一般由以下三部分构成。

a.说明和有关规定

这一部分通常由"说明与规则"（分别规定杂货与集装箱运输）及"港口规定"组成。

"说明与规则"规定了运价表的适用范围，运费计算办法与支付方法，计价币值及单位，船货双方的权利和义务，各种货物运输的特殊规定和各种运输形式，如直航、转船、选择或变更卸货港口等办法和规则。船公司在综合运价表中会特别规定杂货、托盘、集装箱运输承运条款与有关基本运费和附加费的计算办法。

"港口规定"引述了国外有关港口的规定和习惯做法。这些港口的规定和习惯做法并不是船公司规定的，而是由有关港口当局或政府规定的，船舶不论行驶到哪个港口装卸货物，船货双方都必须遵守当地港口的规定和习惯做法。为避免争议和引起麻烦，船公司将这些常去港口的有关规定和习惯做法印在运价表内用来约束有关当事人。

"说明和有关规定"是提单条款的组成部分，也是船货双方共同遵守的规则。对运价及运输过程中发生的分歧和纠纷同样将"说明和有关规定"视为处理问题的依据。

b.商品分级表及附录

商品分级表部分标列了各种货物的名称及其运费计算等级和计费标准,每一商品的名称是按英文字母的顺序排列的。商品运价表中无此项分级表。商品运价表在各种货物列名后直接标示其计费标准和费率,等级运价表则在此部分先对成千上万种商品进行归类分级。由于商品种类繁多,加之新产品的不断出现,任何一个运价表均不可能列出所有商品,为此运价表内都有一项"未列名货物"。一般"未列名货物"的运价偏高,至少接近于平均运价水平。大多数船公司在总共20个等级中只定12级左右,"未列名货物"有一个总称,另外对某大类货物往往也有一个未列名货物品种,如"未列名粮谷"等。

c.航线费率表

航线费率表规定各航线的基本运价及各类附加费。

③运费计算步骤

选择相关的运价表;根据货物名称,在商品分级表中查到运费计算等级;在等级费率表的基本费率部分找到相应的航线、启运港、目的港,按等级查到基本运价;从附加费部分查出所有应收(付)的附加费项目和数额(或百分比)及货币种类;根据基本运价和附加费算出实际运价;计算运费

运费 = 实际运价 × 运费吨

(四)租船运输业务

1.租船运输概述

租船运输又称不定期船运输,是相对于班轮运输而言的,即定期船运输而言的另一种远洋船舶营运方式。它和班轮运输不同,没有预先制定的船期表,没有固定的航线,停靠港口也不固定,无固定的费率本。船舶的营运是根据船舶所有人与需要船舶运输的货主双方事先签订的租船合同来安排的。租船运输具有如下基本特点:

①租船运输是根据租船合同组织运输的,租船合同条款由船东和租方双方共同商定。

②一般由船东与租方通过各自或共同的租船经纪人洽谈成交租船业务。

③不定航线,不定船期。船东对于船舶的航线、航行时间和货载种类等按照租船人的要求来确定,提供相应的船舶。经租船人同意进行调度安排。

④租金率或运费率是根据租船市场行情来决定的。

⑤船舶营运中有关费用的支出,取决于不同的租船方式,由船东和租方分担,并在合同条款中订明。

⑥租船运输适宜大宗货物运输。

⑦各种租船合同均有相应的标准合同格式。

(1)航次租船

航次租船又称程租船,是指由船舶所有人负责提供船舶在指定的港口之间进行一个航

次或几个航次运输指定货物的租船。航次租船是租船市场上最活跃,且对运费水平的波动最为敏感的一种租船方式。在国际现货市场上成交的绝大多数货物(主要包括液体散货和干散货两大类)都是通过航次租船方式运输的。航次租船的"租期"取决于航次运输任务是否完成。航次租船并不规定完成一个航次或几个航次所需的时间,但是船舶所有人对完成一个航次所需的时间是最为关心的,他们特别希望缩短船舶在港停泊时间。而承租人与船舶所有人对船舶的装卸速度又是对立的,所以在签订租船合同时,承租双方还需约定船舶的装卸速度以及装卸时间的计算办法,并相应地规定延滞费和速遣费率的标准和计算方法。

航次租船的特点主要表现在:①船舶的营运调度由船舶所有人负责,船舶的燃料费、物料费、修理费、港口费、淡水费等营运费用也由船舶所有人负担;②船舶所有人负责配备船员,负担船员的工资、伙食费;③航次租船的"租金"通常称为运费,运费按货物的数量及双方商定的费率计收;④在租船合同中需要订明货物的装卸费由船舶所有人或承租人负担。在租船合同中需要订明可用于装卸时间的计算方法,并规定延滞费和速遣费的标准及计算办法。

(2)航次期租船

航次期租船又称日租租船,它以完成一个航次运输为目的,但租金按完成航次所使用的日数和约定的日租金率计算。在装货港和卸货港的条件较差,或者航线的航行条件较差,难以掌握一个航次所需时间的情况下,这种租船方式对船舶所有人比较有利。因为采用这种租船方式可以使船舶所有人避免因难以预测的情况而延长了航次时间所造成的船期损失。

(3)定期租船

定期租船又称期租船,是指由船舶所有人按照租船合同的约定,将一艘特定的船舶在约定的期间交给承租人使用的租船。这种租船方式不以完成航次次数为依据,而以约定使用的一段时间为限。在这个期限内,承租人可以利用船舶的载运能力来安排运输货物;也可以用于从事班轮运输,以补充暂时的运力不足;还可以以航次租船方式承揽第三者的货物,以取得运费收入。当然,承租人还可以在租期内将船舶转租,以谋取租金差额的收益。关于租期的长短,完全由船舶所有人和承租人根据实际需要洽商而定。

定期租船的主要特点是:①船长由船舶所有人任命,船员也由船舶所有人配备,并负担他们的工资,但船长应听从承租人的指挥,否则承租人有权要求船舶所有人予以撤换;②承租人负责船舶的营运调度,并负担船舶的燃料费、港口费、货物装卸费、运河通行费等与营运有关的费用,而船舶所有人则负担船舶的折旧费、维修保养费、船用物料费、润滑油费、船舶保险费等船舶维持费;③租金按船舶的载重吨、租期长短及商定的租金率计算;④租船合同中订有关于交船和还船,以及关于停租的规定;⑤较长期的定期租船合同中常订有"自动递增条款"(escalation clause)以避免船舶所有人在租期中因部分费用上涨而使其盈利减少或发生亏损。由于租金一经确定,通常在租期内不再变动,如果合同中订有"自动递增条款",在规定的费用上涨时,约定租金即可按相应的比例提高。

（4）光船租船

光船租船又称船壳租船。这种租船不具有承揽运输性质，它只相当于一种财产租赁。光船租船是指在租期内船舶所有人只提供一艘空船给承租人使用，而配备船员、供应给养、船舶的营运管理以及一切的营运费用都由承租人负担。也就是说，船舶所有人在租期内除了收取租金外，不再承担任何责任和费用。因此，一些不愿经营船舶运输业务，或者缺乏经营管理船舶经验的船舶所有人会将自己的船舶以光船租船的方式出租。虽然这样的出租利润不高，但船舶所有人可以取得固定的租金收入，对回收投资是有保证的。

光船租船的特点是：①船舶所有人只提供一艘空船；②全部船员由承租人配备并听从承租人的指挥；③承租人负责船舶的经营及营运调度工作，并承担在租期内的时间损失，即承租人不能"停租"；④除船舶的资本费用外，承租人承担船舶的全部固定及变动的费用；⑤租金按船舶的装载能力、租期及商定的租金率计算。

（5）光船租购

光船租购合同是光船租赁合同的一种特殊形式，是指船舶出租人向承租人提供不配备船员的船舶，在约定的期间内，由承租人使用并在约定期间届满时将船舶所有权转移给承租人，而由承租人支付租购费的合同。光船租购实际上相当于分期付款购买船舶，船东在收到全部付款前对船舶拥有正式的所有权，租船人支付每期租金相当于分期付款，租期结束船价全部付清，船舶就属于租船人所有。当然光船租购的租金率要比光船租赁的租金率高，这是因为光船租购下，租期届满时承租人无须将船舶交还船东，船东要在租期内收回船舶的成本和利润。由此，光船租购合同所要达到的目的是买卖船舶，光船租购是实现船舶买卖的途径，因此具有船舶融资租赁的性质，在多数情况下，光船租购相比较传统的贷款购买船舶是更为经济的一种融资方式。光船租购一般租期相对较长，承租人负担租赁物的维修、保养、保险及纳税费用，出租人拥有租赁物的所有权，承租人拥有使用权，原则上不得中途解约，租期届满时承租人有购买、续租的优先权。

（6）包运租船

包运租船又称为运量合同。包运租船是指船舶所有人以一定的运力，在确定的港口之间，按事先约定的时间、航次周期，每航次以较均等的运量完成全部货运量的租船方式。

包运租船区别于其他租船方式的特点有：①包运租船合同中不确定船舶的船名及国籍，仅规定船舶的船级、船龄和船舶的技术规范等，船舶所有人只需比照这些要求提供能够完成合同规定的每航次货运量的运力即可，这对船舶所有人来说在调度船舶方面是十分灵活、方便的；②租期的长短取决于货物的总量及船舶航次周期所需的时间；③船舶所承运的货物主要是运量特别大的干散货或液体散装货物，承租人往往是业务量大和实力强的综合性工矿企业、贸易机构、生产加工集团或大石油公司；④船舶航次中所产生的时间延误的损失风险由船舶所有人承担，而对于船舶在港装卸货物期间所产生的延误，则通过合同中订有的"延滞条款"的办法来处理，通常是由承租人承担船舶在港的时间损失；⑤运费按船舶实际装运货物的数量及商定的费率计收，通常按航次结算。从上述特点可见，包运租船在很大程度上具有"连续航次租船"的基本特点。

2. 租船运输船运价

（1）不定期船即期市场运价

①不定期船即期市场运价特征

不定期船即期市场包含航次租船中的绝大多数经营方式，如单航次租船（程租）、航次期租、来回程租船等，以特定航次运输为目的制定运输合同。此类市场运价的波动很大，基本属于完全自由竞争的市场，运输的供需变化对其影响极大。

一般情况下，随即期市场运价的提高，不定期船即期市场的经营者（船东或二船东）会涌入不定期船即期市场增加供给，反之则减少供给。不定期船即期市场运价的波动对即期市场及非即期市场供需都会产生影响，反之即期与非即期市场供需变化也对不定期船即期市场运价产生影响。即期市场运价变化对即期市场供需产生的影响是直接的，而对非即期市场供需的影响却是间接的。因为在即期市场运价涨跌时，即期市场中要在非即期市场租船来从事即期运输的经营者会决定是否要大量租用或减退租非即期市场的船舶，因此对非即期市场供需及租金水平产生较大的间接影响。反之，即期市场供需直接影响非即期市场的运价，而非即期市场供需发生变化后，由于其中相当大的一部分船流入即期市场，故对即期市场供需产生一定影响进而间接影响其运价。从此意义上讲，即期市场与非即期市场的租金、运价及供需变化具有一定的相关性。

②不定期船即期市场运价影响因素

不定期船即期市场是一个自由竞争的市场，其运价随供求关系变化，波动性很大。除供求影响之外，针对单个运输合同尚需考虑影响运价的几个关键因素：

a. 合同航线。合同航线是指本航次中所确定的装卸港口、航线距离，航线所处航区的不同直接影响其运价水平。另外，本合同中与上一个航次及下一个航次装卸港口的衔接与否决定其运价的高低，若衔接不理想，运价则势必会高于市场水平。

b. 合同货物。合同中货物的种类、包装形态及数量是影响不定期船即期市场运价水平的重要因素。货物的种类及包装形态决定了船舶舱容的利用程度，因货物积载因素不同，其舱容利用率、装卸货物及操作难度均不同，而货物数量的多少直接决定所配的船舶运力是否存在浪费，因此，货物种类、包装形态及数量均影响到船舶舱容的利用及运力的匹配，以及装卸作业的难易，因而直接影响运价水平的高低。

c. 受载期与解约日。受载期是指船舶到达装货港接受货载的最早装货日期与按合同规定的租方可以接受的船舶最迟装货日期之间的一段时间。在解约日（通常为最迟装货日）船舶尚未到装货港接受货载，则租方有解除租船合同的选择权。因为对租方面言，受载期关系到贸易合同的履行，在不定期船即期市场中，租方只有通过在合同中约定的受载期和解约日来保证货物在贸易合同所规定的装运期运出。因此，受载期与解约日规定中影响到运价水平的有两个因素；一是租约中所定的受载期与签约日期的间隔，若间隔时间较长，即货物需装运的日期相对较为宽松，可以选择的余地较大，则相对运价水平较低；若间隔时间很短，货物需装运的日期紧迫,难寻合适的船舶,则相对运价水平偏高。二是受载期间隔长短。根据国际航运惯例,通常租约中受载期定为 15 天左右,若订约日与受载日时间间隔长,如远期船,则受载期可适当延长一些,在接近受载日时再缩短受载期;而即期船订约日与受载日间隔较短,则受载期相对较短。如受载期间隔长,船东因出于对市场行情波动的担心,往往要求较高的运价,因此,受载期间隔的长短会对运价水平产生影响。

d. 船舶。租船合同中使用的船舶对其运价水平的影响表现在船舶对合同货物的适载性、船舶的建造年份与吨位大小以及其他技术规范上。船舶状况较好的可获得较其他同类型但状况较差的船舶更高的运价。

f. 订约日期及市场状况。不定期船即期市场的运价水平随市场供求关系的变化波动极大,作为一个自由竞争的市场,运价水平的确定决定于供求关系。在洽租过程中,船方及租方双方力量的对比决定了运价水平,通常船方在确定运价时,在充分考虑自身利益的基础上必须兼顾租方的利益。同时订约时间与运价水平有很大关系,如在景气市场中,船方可待价而沽,运价水平通常较以往在同一航线、同一货种、同一船舶时要高,而在不景气市场中,由于船方急于租出船舶,通常与景气状况时相比,同航线、同货种的船舶运价水平较低。因此订约日期及当时的市场供求状况决定了运价水平的高低。

g. 其他条款条件。其他条款包括装卸时间的计算方法、滞期费率(或速遣费率)的高低、装卸费的分担、运费支付时间及方式,这些条款均影响运价水平的高低,如装卸费分担条款,若在租船合同中选择"no"条款,则运价中不包括装卸费用,相对运价水平较低,若包括装卸费用,运价水平则自然升高。

（2）不定期船非即期市场运价特征

不定期船非即期市场指的是光船租船等时间较长、多数以船舶为合同标的物的不定期船市场。不定期船非即期市场除受一般市场供需变动影响外,主要有以下几个因素对其产生较大影响:

①船舶供给状况

不定期船非即期市场中的经营者之间就船舶投放市场展开或明或暗的竞争,直接导致不定期船非即期市场运价的波动,特别是不定期船非即期市场成交的合同大多可以通过转租的方式再行出租,一定程度上造成了不定期船非即期市场船舶供给的虚假现象。

②合同期长短

不定期船非即期市场一般合同期较长,合同期长意味着船舶供给者及租船人均能在一定程度上减少风险,船东可在较长时间内保持船舶营运状态,减少反复合租的次数,使船舶处于较稳定的状态。为减少运价上涨及运力难寻的风险,长期合同对具有常年稳定货源的租船人不失为较好的选择。但由于不定期船平均运价波动较大,通常长期合同总的运价水平相对短期合同较低。

③船舶需求状况

不定期船非即期市场船舶的需求状况也是决定其运价水平的主要因素。与供给状况相类似,除部分需求方直接从事货运业务外,相当一部分需求方是以补充运力或再行出租的方式从事此项业务。相关的需求状况波动较大,在一定程度上需求方力量相对较大,租金水平更多地由需求方所决定。

④风险意识

船舶供应方和需求方采用此类租船方式的目的是减少市场风险,特别是在市场不确定因素较多的情况下,船货双方进入此类市场可以规避市场风险。因此,不定期船非即期市场的运价特征体现在市场变化上。

(3)租船费用的计算

承租合同中有的规定运费率,按货物每单位重量或体积若干金额计算;有的规定整船包价。费率的高低主要取决于租船市场的供求关系,但也与运输距离、货物种类、装卸效率、装卸费用划分和佣金高低有关。合同中对运费是按装船重量或是卸船重量计算,运费是预付还是到付均须写明,特别要注意的是应付运费时间是指船东收到的日期,而不是租船人付出的日期。

装卸费用的划分方法有以下几种:

①船方负担装卸费,又称"班轮条件";②船方不负担装卸费,采用这一条件时,还要明确理舱费和平舱费由谁负担,一般都规定由租船人负担,即船方不负担装卸、理舱和平舱费;③船方管装不管卸;④船方管卸不管装。

四、航空运输

航空运输是指使用飞机或其他航空器进行运输的一种形式。在现代社会经济生活中占据着重要地位,发挥着不可低估的作用。

(一)航空运输的特点与发展趋势

随着经济建设的高速发展,以及社会生活节奏的不断加快,以高科技为基础的航空运输得到了前所未有的迅速发展。航空运输体系包括飞机、机场、空中交通管理系统和飞行四个基本部分,这四个部分有机地结合,在空中交通管理系统的协调控制和管理下,分工协作,共同完成航空运输的各项业务活动。

1.航空运输的特点

航空运输能在短短半个多世纪内得到快速的发展,与其自身的特点是分不开的。与其他运输方式相比,航空运输有以下主要优点。

(1)速度快

这是航空运输的最大特点和优势。现代喷气式客机的巡航速度为 800~900 公里／小时,比汽车、火车快 5~10 倍,比轮船快 20~30 倍。距离越长,航空运输所能节约的时间越多,快速的特点也越显著。

（2）机动性大

飞机在空中飞行,受航线条件限制的程度比汽车、火车、轮船要小得多。它可以将地面上任何距离的两个地方连接起来,实现定期或不定期飞行。尤其对执行灾区的救援、供应、边远地区的急救等紧急任务来说,航空运输已成为必不可少的手段。

（3）舒适、安全

喷气式客机的巡航高度一般在1万米左右,飞行不受低空气流的影响,平稳舒适。现代民航客机的客舱宽敞,噪音小,机内有供餐饮、视听等设施,旅客乘坐的舒适程度较高。由于科学技术的进步和对民航客机适航性的严格要求,航空运输的安全性较之以往已有了很大的提高。

（4）基本建设周期短、投资少

要发展航空运输,从设备条件上讲,只要添置飞机和修建机场。与修建铁路和公路相比,一般说来建设周期短、占地少、投资省、收效快。

航空运输的主要缺点是飞机机舱容积和载重量都比较小,载运成本和运价比地面运输高。飞行在一定程度上受气象条件的限制,恶劣的天气有可能会影响飞机的正常起降和准点性。此外,航空运输速度快的优点在短途运输中难以充分发挥。

2.航空运输的发展趋势

（1）由于航空运输速度快,机动性大,基本建设周期短,投资较少,各级政府都会大力支持航空运输产业的发展。在融资渠道方面提供更多的便利,并提供相当开放的政策环境,加大航空运输企业的自主经营权。

（2）各国的航空运输基本上都是寡头垄断型竞争,在中国,也基本形成了竞争主体为国际航空、东方航空和南方航空三大航空集团公司组建的货运企业和国外知名航空货运公司的局面。总的来说,航空运输的特点会让行业竞争不断加剧。

（3）航空运输产业的竞争重点在于降低成本和提升服务质量。降低成本主要通过规模经济实现。提高服务质量则通过增加基础设施规模、提高信息网络服务系统质量以及与其他运输模式的纵向联盟与集成来实现。同样,航空运输的市场也会加快在横向和纵向上的细分,如货运代理的发展和规范、地面物流辐射能力的配套和协调等。

（4）航空运输节点化会加快航空运输中心的构建,即建设以某些城市为中心的中枢航线网络。全球的航空公司会在互相竞争的同时建立战略联盟,相互合作,全面拓展航空运输的航线网络和销售市场,构建全球化的货运网络系统。

（二）航空运输与空港物流

航空运输是随着社会、经济发展和技术进步发展起来的,它在现代社会的政治、经济生活中占据着重要的地位,发挥着不可低估的作用。它对经济所起的作用主要表现为以下几个方面。

1. 航空运输是交通运输体系的一个重要组成部分

航空是长距离旅行,特别是国际、洲际旅行的主要工具。它和其他交通运输方式分工协作、共同满足社会对运输的各种要求。随着社会经济的发展、人民生活的提高、工作节奏的加快,航空运输将越来越普遍。

2. 航空运输促进了全球经济、文化的交流和发展

航空运输本身是国家经济领域的一个重要行业,除了其自身的经济效益外,还带动了一批产业的发展,如旅游业等。它使国家或地区间的经济、文化、科技的交流往来十分方便,有利于国家或地区间的相互协作、共同发展,有利于经济发达国家或地区到经济不发达国家或地区投资开发。在我国,航空运输发展已成为衡量某地区经济是否发达、对外开放是否有利的重要标志。

3. 航空运输带动了飞机制造及相关行业和技术的发展

国际航空运输业的不断发展,使几个主要飞机制造商,如波音公司、空客公司,长盛不衰,也给相关设备的生产厂家提供了广阔的商机。航空技术属于高新技术领域,航空运输的发展,促使新的、更安全舒适的民航客机机型不断出现,也使通信、导航、监视等设备与技术不断更新完善。

(三)国际航空货物运单与运费

1. 国际航空货物运单

航空货运单(air waybill, AWB)是由托运人或者以托运人的名义填制,承运人或其代理人签发的重要航空货运单据。

航空货运单的作用有:运输合同凭证,航空货运单是承运人与托运人之间缔结运输合同的凭证;货物收据,航空货运单是承运人签发的已收运货物的证明,除另有注明外,它也是承运人表明在良好状况下装运的证明;运费单据,航空货运单上记载有托运人已支付的费用和收货人应支付的费用及代理人的费用,所以它是运费结算凭证及运费收据;航空货运单是承运人组织航空货运的依据;航空货运单是进出口物品办理报关手续的单证之一;航空货运单是保险证明,在承运人承办保险业务的情况下,航空货运单也可用作保险证书。

但是,航空货运单不是物权凭证,不能通过转让航空货运单来转让物品。

航空货运单有正面条款和背面条款,不同的航空公司会有不同的运单格式,但大多借鉴国际航空运输协会(International Air Transport Association, IATA)推荐的标准格式。航空货运单的主要内容有:运单号;收货人和发货人的名称、地址、账号;签收运单的航空公司名称及 IATA 代号;起运港、目的港、中转港的名称;付款方式,预付或到付,货币代码;运费及供运输用声明价值;供海关用声明价值;航班和日期;保险金额;处理通知事项;品名、件数、尺码或体积、重量;运价等级;商品代码;计费重量;运价;运费总额;其他费用;托运人签名;签发运单的时间、地点、承运人或其代理人的签名等。

托运人应填写航空货运单正本一式三份,连同货物交给承运人。第一份正本航空货运

单注明"交承运人"，并由托运人签字；第二份正本航空货运单注明"交收货人"，由托运人和承运人签字并随同货物运送到目的地；第三份正本航空货运单由承运人在接收货物后、装上飞机以前签字，交给托运人。

2. 国际航空货物运费

（1）计费重量

货物的计费重量、有关的运价和费用，货物的声明价值是计算航空货物运输费用时需要考虑的几个因素。其中，计费重量是按实际重量和体积重量两者之中较高者计算。

①实际重量

实际重量是指一批货物包括包装在内的实际总重量。凡重量大而体积相对小的货物用实际重量作为计费重量。具体计算时，重量不足半公斤的按半公斤计；半公斤以上不足1公斤的按1公斤计；不足1磅的按1磅计。

②体积重量

轻泡货物一般按体积重量计算。体积重量的具体计算方法是：分别量出货物的最长、最宽和最高的部分，三者相乘算出体积，尾数四舍五入，将体积折算为重量（公斤）予以计算。国际航空货物运输组织规定在计算体积重量时，以7立方米折合为1公斤。我国民航则规定以6立方米折合为1公斤为计算标准。

（2）普通货物运价

普通货物运价又称一般货物运价，仅适用于计收普通货物的运价。

普通货物运价以45公斤作为重量划分点，分为45公斤（或100磅）以下的普通货物运价。运价类别代号为N；45公斤（或100磅）及以上的普通货物运价，运价类别代号为Q。45公斤及以上的普通货物运价低于45公斤以下的普通货物运价。

（3）等级货物运价

等级货物运价是指适用于规定地区或地区间指定等级的货物的运价。等级货物运价是在普通货物运价的基础上增加或减少一定的百分比构成的。具体包括：

①等级用品加价

等级运价加价，用"S"表示。适用商品包括活动物、贵重物品、尸体等。上述物品的运价是按45公斤以下的普通货物的运价的200%计收。

②等级用品减价

等级运价减价，用"R"表示。适用商品包括报纸、杂志、书籍等出版物，作为货物托运的行李。上述物品的运价是按45公斤以下的普通货物运价的50%计收。

（4）特种货物运价

特种货物运价是指自指定的始发地至指定的目的地的适用于特定商品，低于普通货物运价的某些指定商品的运价。特种货物运价是由参加国际航空协会的航空公司，根据在一定航线上有频繁性特种商品运输的发货人的要求，或者为促进某地区的某种货物的运输，向国际航空协会提出申请，经同意后制定的。

（5）择优使用航空运价

航空运输业界在通常情况下，首先使用特种货物运价，然后是等级运价，最后是普通货物运价。当使用等级运价或普通货物运价计算出的运费低于按特种货物运价计算出的运费时，则可使用等级运价或普通货物运价。但下列情况除外：①如果在同一起码重量下特种货物运价高于等级运价或普通货物运价，就应使用特种货物运价；②如果等级运价高于普通货物运价，就应使用等级运价。

3. 有关运价的其他规定

（1）运价的使用及特点

①除基本运费外，公布的运价都以公斤或磅为单位。

②公布的运价是一个机场到另一个机场的运价，而且只适用于单一方向；公布的运价仅指基本运费，不包含附加费。

③运价的货币单位一般以当地货币单位为准。

④航空运单中的运价是按出具运单之日所适用的运价。

（2）起码运费

起码运费是航空公司承运一批货物所能接受的最低运费，即不论货物的重量或体积大小，在两点之间运输一批货物应收的最低金额。起码运费的类别代号为 M，它是根据航空公司在考虑办理一批货物，即使是一笔很小的货物，所必须产生的固定费用而制定的，当货物运价少于起码运费时，就要收起码运费。

不同的国家和地区有不同的起码运费。我国的航空运价的起码运费是以货物从始发港到目的港之间的普通货物 5 公斤运费为基础的，或根据民航和其他国家航空公司洽谈同意的起码运费率征收的。

（3）声明价值费

对承运人由于失职而造成的货物损坏、丢失或错误等所承担的责任，其赔偿的金额为每公斤 20 美元或 7.675 英镑或相等的当地货币。若要求按货物的价值赔偿，则需由托运人在付运费的同时，向承运人另外支付一笔声明价值费，或向有关保险公司投保。

（4）货到付款劳务费

货到付款是指承运人接受发货人的委托，在货物到达目的地交给收货人的同时，代为收回运单上规定的金额，承运人则按货到付款金额收取规定的劳务费用。

（四）航空货物运输作业管理

1. 航空运输的主要经营模式

航空运输的主要经营模式包括班机运输、包机运输、集中托运和航空快递等四种。

（1）班机运输

班机是在固定航线上的固定起落站按预先计划规定时间进行定期航行的飞机，主要是客货混载，个别航空公司也有专门的货运班机。班机具有固定航线和停靠港，定期开航，定点到达,因此物品流通采用班机方式可以使收货人和发货人准确掌握货物起运和到达时间,保证货物安全、准时地成交。班机一般是客货混装,所以一般货舱舱位有限,不能满足大批物品的运输要求,只能分批运输。班机货运适于急用物品、行李、鲜活物、贵重物、电子器件等的物流运输。

（2）包机运输

这是指由租机人租用整架飞机或若干租机人联合包租一架飞机进行货运的物流方式。包机如果往返使用,则价格较班机低,如果单程使用则价格较班机高。包机适合专运高价值货物。

包机运输方式分为整架包机和部分包机两类。整架包机是指航空公司或包机代理公司按照与租机人事先约定的条件,将整架飞机出租给包机人,从一个或几个航空站装运物品到指定目的地的运输方式 - 它适合于大宗物品运输。部分包机有两种方式,一种是由几家航空货运代理公司或发货人联合包租整架飞机,另一种是由包机公司把整架飞机的舱位分租给几家租机人。部分包机适合于不足整机的物品或 1 吨以上的物品运送,运价较班机费率低,但运送时间比班机长。

（3）集中托运

集中托运是指航空代理公司把若干单独发运的物品组成一整批物品,用两份总运单整批发运到同一到站;或者运交某一预定的代理收货,分拨后交给实际收货人的运输方式。它是一种对小批量物品的空运方式。航空货运代理公司对每一货主另发一份自己签发的运单,以便货主办理收取价款事宜。

（4）航空快递

航空快递是指由专门经营快递业务的代理公司组织货源和联络用户,并办理空运手续,或委托到达地的速递公司,或在到达地设立速递公司,或派专人随机送货送达收货人的一种快速运货方式。

2. 航空运输的运输流程

为满足航空运输消费者的需求而进行的从托运人发货到收件人收货的全过程的物流和信息流的实现与控制管理过程称为航空货运程序,包括出运和接运两部分。这里以国际航空货运程序为例,介绍航空货运的出港业务流程和进港业务流程。

（1）航空货运出港程序

航空货运出港操作程序是指自托运人将物品交给航空公司,直到物品装上飞机的整个操作流程。具体的航空货运出港操作程序包括订舱、整理单据、交接和出港这四个步骤。

①订舱

订舱是托运人或其代理人向航空公司申请并预订舱位,航空公司签发舱位确认书,同时给予装货集装器领取凭证（需要时）,以表示舱位已订妥。此时需要填写订舱单（cargo booking advance, CBA）,以便航空公司的吨控与配载部门掌握情况。

②整理单据

整理单据是将有关出运物品的单据进行检查并处理,以保证正确交接和出港。需整理的单据包括已入库的大货的单据、现场收运的物品的单据和中转的散货的单据。

③交接

交接是指物品过磅、入库和把随机单据等交给航空公司。交货之前必须做出标签,清点物品,填制交接清单;大宗货和集中托运货以整板、整箱称重交接;零散小货按票称重,计件交接。航空公司审单验货后,再交接清单签收,将物品存入出港仓库。

④出港

出港是按计划将所配载的物品装上飞机并制作相应单据,飞机起飞、单据传输出去的作业。

(2)航空货运进港程序

航空货运进港操作程序是指从飞机到达目的地机场,承运人把货物卸下飞机直到交给收件人的物流、信息流的实现和控制管理的全过程。具体的航空货运进港业务流程包括进港航班预报、单证处理、发到货通知、交接四个步骤。

①进港航班预报

航空公司以当日航班进港预报为依据,在航班预报册中逐项填写航班号、机号、预计到达时间;同时还应了解到达航班的货物装机情况及特殊货物的处理情况。

②单证处理

在每份货运单的正本上加盖或书写到达航班的航班号和日期;认真审核货运单,注意运单上所列目的港、代理公司、品名和运输保管注意事项;核对运单和舱单,若舱单上有分批货,则应把分批货的总件数标在运单号之后,并注明分批标志;把舱单上列出的特种货物、联程货物圈出;根据分单情况在整理出的舱单上标明每票运单的去向;核对运单份数与舱单份数是否一致,做好多单、少单记录,将多单运单号码加在舱单上,多单运单交查询部门;打印航班交接单。

③发到货通知

尽快、尽妥地通知货主到货情况。

④交接

将有关单据转交收货人,并将卸机后存入仓库的物品交付给收货人。

空港物流是以航空运输为其主要运输形式,借助现代信息技术,连接供给主体和需求主体,使原材料、产成品从起点至终点及相关信息有效流动的全过程,也称航空物流。它将运输、仓储、装卸、加工、整理、配送、信息等方面进行有机结合,形成完整的供应链,为用户提供多功能、一体化的综合性服务。

航空运输虽然起步较晚,但发展极为迅速,这与其自身显而易见的优点密切相连。随着综合物流成本意识的增强,货主已经意识到航空运输能带来的经济效用。比如,航空运输的高速性使得长距离的物品运送可以在短时间内完成,因而使降低库存成为可能,库存投资和保管费用也可以相应节约,可加快资金的周转速度。在物品性能和式样变化越来越快的今天,为了适应市场的快速变化,把握商机,需要利用航空运输完成物品的迅速补给,特别是季节性强、销售期比较短的物品。其次,由于国际市场竞争激烈,市场行情瞬息万变,为了在国际贸易中能及时地把握时机,获得最好的利润,时间因素往往至关重要。所以在国际贸易中,航空运输经常作为贸易竞争的手段而被普遍采用。由于航空运输安全性好,因此可以简化运输包装,节省包装材料、劳力和时间。对于小批量物品而言,航空运费以公斤为计算单位,轻泡物每 6~7 立方米折合 1 吨,而海运费用是 1 立方米折合 1 吨计算,所以少量货物采用空运反而有利。此外,航空运输过程中的震动、冲击很小,温度、湿度等条件适宜,加之运行中与外界没有接触,因此发生货损、货差事故的可能性大大减小。

另一方面,航空运输也有着较之其他运输模式的缺点,主要表现在航空货运的运输费用较其他运输方式更高,飞机的舱容有限,飞机飞行容易受恶劣天气影响,地面处理时间相对过长等。

但总的来讲,随着新兴技术得到更为广泛的应用,管理者更重视运输的及时性、可靠性和科学管理方法,除了航空物流公司不断对空中设备改进更新,地面的空港物流机械和物流管理也得到了很大的发展。航空运输和空港物流在现代国际化供应链体系中将发挥越来越显著的作用。

五、管道运输

管道运输(pipeline transportation)是随着石油的生产而产生和发展的。它是一种特殊的运输方式,与普通货物的运输形态完全不同。普通货物运输是随着运输工具的移动,货物被运送到目的地;而管道运输的运输工具是管道,是固定不动的,只是货物在管道内移动。换言之,它是运输通道和运输工具合二为一的一种专门运输方式。

管道运输是将货物在管道内借助高压气泵的压力向目的地输送的一种运输方式。现代管道不仅可以输送原油、各种石油成品、化学品、天然气等液体和气体物品,而且可以输送矿砂、水煤浆等。

(一)管道运输的种类及优缺点

1.管道运输的种类

管道运输就其铺设工程可分为架空管道、地面管道和地下管道,其中以地下管道应用最为普遍。视地形情况,一条管道也可能三者兼而有之。

管道运输就其地理范围可分为:油矿至聚油塔或炼油厂,称为原油管道(crude oil pipeline);从炼油厂至海港或集散中心,称为成品油管道(product oil pipeline);从海港至海上浮筒,称为系泊管道(buoy oil pipeline),

管道运输就其运输对象又可分为液体管道(fluid pipeline),气体管道(gas pipeline),水浆管道(scurvy pipeline)。

此外,管道运输同铁路运输、公路运输一样,也有干线和支线之分。

2. 管道运输的优缺点

管道运输与其他运输方式不同,概括起来它有以下特点:运输通道与运输工具合二为一;高度专业化,适于运输气体和液体货物;永远是单方向运输。由于管道运输有上述特点,可以概括出管道运输的优点有:不受地面气候影响并可以连续作业;运输的货物无须包装,节省包装费用;货物在管道内移动,货损货差小;费用省,成本低;单向运输,无回空运输问题;经营管理比较简单。

但管道运输也存在如下局限:运输货物过于专门化,仅限于液体和气体货物;永远单向运输,机动灵活性差;固定投资大。

(二)管道运输的经营管理以及我国管道运输的发展

在西方国家,管道运输大都为大石油公司所控制,它们为了垄断石油的产供销,均投资建设自己专用的管道,运输自己的产品。管道运输实际上已成为石油公司内部的运输部门,成为石油垄断组织的一个不可缺少的组成部分。

20世纪50年代后,铁路兼营管道运输的现象逐渐增多,这是因为随着管道运输的迅速发展,铁路油罐车运输业务受到很大影响,为了寻找出路,提高竞争能力,挽回失去的货运量,有些铁路也投资建设石油管道,兼营管道运输业务。铁路兼营管道运输较其他单独经营管道运输具有有利条件:首先,可在铁路沿线原有土地上铺设管道,不必投资另找土地;其次,可以利用铁路原有人员和设备;第三,可以解决铁路本身所需燃料问题。因此,可以得到投资少、成本低的良好经济效果。

管道运输由于管道路线和运输是固定的,所以运输费用计算比较简单。按油类不同品种、规格规定不同费率。其计算标准多数以桶为单位,有的以吨为单位。此外,一般均规定每批最低托运量。

第四节 交通运输经济管理的必要性

在经济发展中,交通运输是一个必不可少的重要因素,如果运输基础设施到位,经济效益将大大提高。发挥市场机制的作用,能够有效实现社会资源的配置。因此,应重视交通运输行业的进步,使用多种方式的交通工具,进一步拓展交通运输网,满足交通运输的阶段性需求。

一、交通运输经济管理的重要性

(一)为市场经济的发展提供助力

近年来,市场经济发展较快,为交通运输经济进步奠定了基础,同时,日渐完善的交通运输基础设施，逐步扩大了运输网络，对交通运输管理的要求也越来越高。因此，交通运输管理与市场经济密切相关，做好交通运输的经济管理，交通运输经济的内部活力得到增强，社会生产效率提升，经济的发展势头也更迅猛。

（二）彻底落实经济改革

市场经济下，交通运输行业也推出了新的改革发展方案，尤其在经济管理经营方式上，需要在现有的基础上不断创新。因此，交通运输行业应重视改革，加大改革的力度，挖掘更大的经济价值，不断完善经营管理体系，有效增强交通运输的运输能力。交通运输行业与市场经济发展有效联系，同时，区域经济的可持续化发展，对交通运输行业起到了良好的推动作用，应着重分析和把握。

（三）实现资源优化配置，促进产业结构升级

信息时代下，交通运输条件越来越先进，能够有效整合交通运输资源，促进经济产业结构的升级与转型。加大运输经济的投入，注入更多的资金，能够从内在增强交通运输的力量，为经济发展奠基，增强交通运输经济的管理可行性。同时，在这个过程中，社会资源得到了整合与优化，在相互配置的基础上，各个行业的联系更加紧密，能相互依赖并相互促进，有效推动了产业结构的优化升级。

二、提高交通运输经济管理效益的措施

（一）转变管理观念，完善内部管理

市场经济的快速发展，对交通运输企业提出了更高要求，要求其必须从内部管理入手，对管理机制进行适时调整，逐步提升交通企业的综合竞争力，发挥出交通运输经济管理的重要作用。应合理划分交通企业职能部门，加强部门经理的带领，形成生产经济决策中心，对市场需求进行把握，准确调研市场交通运输，预测市场的未来趋势，制定出短期和长期的生产目标，有序实现交通运输业的进步。在内部管理的时候，应明确划分职能界限，形成完整的企业业务流程，在规定范围内，重视细节的处理，提高整体工作效率。同时，应注重提升管理人员的综合素质，加强个人能力的提升，实现管理人员整体质量的提升。应注重革新交通运输企业管理人员的理念，把握时代趋势，深入分析市场内部需求的变化情况，结合行业内部实际情况，建立并完善内部管理制度，有效提升交通运输经济效益。

（二）实行全面的预算管理方法

预算管理能够精准掌握交通运输市场的信息，紧紧抓住市场机遇，站在整体性角度，树立战略性眼光，提升交通运输企业的管理能力。交通运输经营者应掌握预算管理的内涵，明确预算管理的意义，结合交通运输内部的实际情况，有效控制成本，增加行业的经济效益。同时，交通运输应重视现金流的问题，对现金流向进行严格控制，把握收支两条线，全面掌控预算管理工作，使资金能够得到有效利用，发挥出更大的经济效益。另外，加强预算管理，能

够提升监管功能,在预算编制的保障下,挖掘内部资源的价值,实现最大限度地利用,尽量避免浪费现象的发生,使成本管理工作得到有效深化,提高最终的经营利润。在预算管理工作中,能够预测出交通运输行业的未来发展趋势,实现最终成果的有效转化,严格控制成本,实现既定的目标,通过综合系统地管理,为交通行业的有序进步提供助力。

(三)实行合同运输管理方法

现代社会是法治社会,交通运输经济管理中,依法管理是前提,必须做好有法可依、有法必依,对市场主体行为进行规范。在日常管理的过程中,以《合同法》为依据,详细了解其中的内传送,签订运输合同,以实现交通运输经济的有序化管理。应深入分析法律条文,对相关内容进行全面掌握,提升运输主体的合同法律意识,树立安全第一的理念,自觉践行法律规范,明确自身的责任和义务,按照合同规定做好日常工作,确保合同的有效履行,增强交通运输市场的有序性,构建更加完善的交通网络。实行合同化管理,能够有效管理交通运输经济,维护交通市场秩序,为矛盾的处理和解决提供了法律依据,以降低的管理成本实现理想的交通运输经济效益。合同化管理清晰规定了各自主体的责任,一旦出现问题,能够依照合同解决问题,体现出交通经济管理的规范化。合同具有一定的约束性,有助于责任主体约束自身,具有更强的责任意识,有效提高交通运输经济管理质量。

(四)强化稽查的力度

交通企业应重视对收入的稽查,主要采取会计核算、内部审核、实地稽查等方式,全方位监管运输款项,包括资金的流向和用途等,强化对资金的控制,体现出稽查的实际价值。通过稽查,能够控制贪污舞弊的行为,减少违法乱纪现象,最大化维护集体的利益,使运输收入更加完整,实现良好的经济管理效益。对于稽查人员来讲,应挑选理论知识丰富、专业素养强的工作人员,清晰认识到自身的工作职责,明确工作的范围,将稽查工作进行细分,做好各项细节内容,尽量降低可能引发的经济损失。我国颁布了专门的法律法规,详细规定了交通运输的相关情况,明确规定了交通运输收入管理部门的职责与权限,同时,交管部门可以将客运系统和运输系统的原始性信息进行核对,对货物信息、客票信息等进行全方位监管,精准安全地进行网络传输。另外,应有效规范稽查行为,有效区分稽查的重点内容,并通过合适方式进行收录,减少运输收入中的错误,严格查处交通运输收入中的违法犯罪行为,全面提高交通运输收入稽查系统的完整性与正确性。

(五)利用现代先进技术

在当前时代下,交通运输领域应用了越来越多的新型技术,变得更加方便、快捷、高效。利用计算机,能够有效监控交通运输市场,对市场动态需求变化进行及时掌控,将各种有关数据进行搜集并整合,在此基础上,分析数据的内在关系,挖掘信息的内在价值,将更多有用的信息提取出来,为后期决策奠定基础,增强科学性与合理性。将计算机技术与交通运输经济管理的监督与运营等内容相结合,优势互补,以便于及时市场最新动态,发挥出先进性的特点。相关人员应详细记录交通运输经济中的信息和数据,并监控技术在市场中的应用状况,可以建立相应的市场经济数字模型,将理论实践化,进一步加强交通运输经济管理。

　　经济发展与交通运输管理联系密切,必须详细把握市场环境下的实际需求,在此基础上,转变管理观念,改进预算管理方法,利用先进技术,基于环境变化情况,加强创新,使自身的管理机制得到完善,既保证经济效益,又能促进市场经济的进步,实现双赢效果。

第七章 交通运输规划与优化

第一节 交通运输规划理论与模型

交通运输系统是联系人类生产生活各环节的纽带,随着经济社会的不断发展,对交通运输的规划提出了更高的要求。

一、交通运输规划的概念

交通运输规划是指根据对历史和现实的交通运输供需状况和地区的人口、经济和土地利用之间关系的分析研究,对地区未来的人口、土地利用和经济发展的情形下交通运输发展需求的预测,确定未来交通运输设施发展建设的规模、结构、布局和运行等方案,并对不同方案进行评价比选,确定规划方案,同时突出建设实施序列的一个完整过程,它一直是国内外交通领域的关注重点。

交通运输规划的基本目的是改善客货流运输的条件。从实践领域来分,规划集中在两个主要领域:一是城市和大都市区模型;二是城市间货运模型。其中城市模型主要集中于客运交通,货物模型集中在城市间货物运输。目前使用的城市运输规划方法大致可分为两种类型,即长期(战略)规划方法和中短期规划方法。长期规划(通常在15年以上)方法是一种复杂的战略性规划方法,需要巨大的财政支出和大范围的建设项目;中短期规划方法,主要考虑从现有的交通运输设施中获得最大的能力或最优的运行效率。长期规划和中短期规划间必须保持高度的协调。在许多情况下,主要的运输系统设施已经建成,运输管理者面临的问题是如何使用这些系统,以使其能够高效率地运转。

二、交通运输规划的历史

在20世纪60年代以前,交通运输规划通常以城市的机动车OD调查(也称为起讫点调查)为基础,预测未来的机动车交通需求,进行道路规划;以定期月票利用者的站点间OD调查等为基础预测将来的利用者数,进行轨道交通规划。但是,到了20世纪60年代,在考虑未来的城市交通时,个体运输工具和大运量的运输工具之间的平衡成了人们关注的焦点。人们逐渐认识到,解决大城市交通阻塞,仅仅通过对断面交通量采用某些局部数据进行运输分析、道路规划是远远不够的，必须以路线及道路网为对象进行全面分析。

改革开放以来，我国经济的高速发展、城市化进程加快和机动车辆保有量的急剧增加，导致了交通运输需求的迅速增长，因此，做好交通运输规划对国民经济的持续快速发展极为重要。在我国，运输规划作为专门的应用学科已有 30 年的时间，大致经历了三个阶段。

（一）20 世纪 70 年代末到 80 年代初

在这一时期，交通运输规划在方法上引进了发达国家的交通规划理论和计算机技术，开始探讨我国综合交通规划的理论与方法。与此同时，国内几十个大城市开展了大规模的运输调查，利用计算机技术进行调查数据的统计和交通特征分析，运输规划迈开了定量化的第一步。

（二）20 世纪 80 年代中到 90 年代初

结合这一时期的运输规划特点，交通运输规划在交通调查的基础上，对交通特征进行研究分析。将运输规划的四步模型理论与方法、交通预测技术应用到实际的道路运输规划中，运输规划开始了定量与定性相结合的一步。

（三）20 世纪 90 年代到现在

在这一时期，由于计算机技术的普及、运输规划人才素质的提高和市场需求加大，运输规划的基本原理、定量化预测技术等在各种类型的规划实践中得到了广泛的应用。研究重点侧重于运用定量的科学技术进行规划方案的分析和指导设计。与此同时，国内交通运输规划在调查方法、数据分析、模型精度、预测技术、战略研究和规划的层次划分、交通设计方面进行了广泛的探索研究。

经过多年发展，我国交通运输规划工作已经积累了丰富的经验，在规划理论、方法和技术手段方面形成了良好的基础。但随着交通运输领域自身的快速发展，规划工作也面临着一些现实困境：①综合交通运输规划相关法律缺失，规划体系不健全；②城市交通运输规划管理仍然存在部门分割；③交通运输五年规划的定位和内容亟待重新认识；④传统的技术方法和统计手段难以为规划科学决策提供有力的支撑。因此，我国的运输规划工作仍需不断探寻新的思路和视角。

三、交通运输规划的一般步骤和方法

通常而言，交通运输规划分为两个步骤，首先是运输需求预测，其次是在预测基础上设计、评价和选择规划方案。其中，需求预测是交通运输规划的基础和关键。需求预测过程包括建模和预测两大部分，即建立相应的模型，确定主要运输需求因素和运输空间分布、时间变化特点间的相互作用关系式，然后利用这些模型预测未来运输网络或设施的需求。

交通需求预测模型可以分为宏观预测模型和微观预测模型。在宏观预测模型的发展过程中，主要形成了三类交通分析模型：①以 Garin-Lowry 模型为代表的以经济活动分析为中心的模型系统,主要分析土地利用和出行活动之间的关系;②以四步规划模型为代表的包括土地交通反馈分析的模型系统,主要在土地利用的基础上分析交通的发生和吸引、交通的分布特效、交通方式构成特效以及网络交通特效。四步规划模型其资料收集可行性高、模型简单易懂、预测思路清晰,在需求预测的实际应用中一直占据主导地位;③在四步规划模型背景下交通需求预测的新方法。随着交通信息采集手段的发展和实时交通动态特性分析的需要,很多学者通过采用非集计模型对交通方式的选择进行研究,或是基于出行行为的组合模型对出行目的、方式划分等环节进行分析,限制或是基于大数据的信息集成进行动态交通分析等。交通规划理论正向着建模手段信息化、研究模型组合化、交通出行行为一体化的研究方向发展。

而微观预测模型则主要描述交通流内个体之间的相互影响关系,如跟车、超车、车道转换等。跟驰模型(car following model)、换道模型、元胞自动机模型(cellular automata,CA)、行人/非机动车模型和车路协同环境下的微观交通流模型等交通仿真类模型均属于此类。

根据规划目标,规划方案的设计应该考虑社会、经济和自然环境等诸多方面的相关因素。交通规划评价属于事前评价,包括可行性评价、效益评价、影响评价和可持续性评价等。评价方法主要有理论建模和仿真模拟。前者通常需要许多简化假设。国内外学者主要基于平衡思想进行数学建模,确定评价基本指标,然后进行进一步的分析评价。基于仿真模型的评价系统已成为交通系统分析中应用最广泛和最可被接受的工具,常用的软件有 VISSIM、Paramics、TSIS 等。

在 GPS、GIS 和 ITS 等新技术的支持下,诸如 Trans CAD, Trips 和 Tran Plan 等涵盖交通运输规划全过程的交通规划软件应运而生,帮助规划者完成更复杂、更智慧的决策。

四、四步规划模型

就规划模型而言,经典的四步规划模型广泛应用于实际之中并被大家所认可。四步规划模型由四个步骤组成,即生成(generation)、分布(distribution)、方式选择(modal split),路径分配(assignment)。但在实际应用中,可能只应用两步或三步。在模型建立的起始阶段,需将区域按照一定规则划分为若干个交通分析小区(traffic analysis zone, TAZ)。其中,生成(generation)就是计算出每个交通区产生(production)和吸引(attraction)的交通量。通过这一步的计算,可以求出交通区的进出总量,但不知道这些交通量的流向。分布(distribution)是计算进出这一交通区的交通量流向,并生成起点和终点的矩阵,但并不考虑运输方式的选择。方式选择(modal split)是确定由起点到终点通过公路、水路、航空等方式完成的交通量各是多少。路径分配(assignment)就是解决由起点到终点通过哪一条路径完成多少交通量的问题。通过这四步之后展现的就是一个交通方式与交通量分布就绪的交通运输网络。

（一）交通量的生成

生成（generation）是计算各交通区产生或吸引交通量的重要一步，也是四步模型的第一阶段。在这一阶段，我们必须求出研究对象地区的总共出行量，即交通生成量。根据所研究对象地区的特性直接求得生成交通量的步骤被称为交通量的生成（trip production）。此生成交通量通常作为总共控制量，在运输规划中用来预测和校核各个运输小区的发生或吸引的交通量。所谓发生（或吸引）的交通量是指研究对象地区内由各运输小区内发生（或吸引）的交通量，而生成能力（包括产生和吸引）是土地利用和社会经济发展的函数。对于运输小区域的生成交通量的预测，要考虑到交通发生源的空间布局关系，从而按区域进行运输生成量的预测。这里主要介绍两类方法：增长率法和函数法。

1. 增长率法

增长率法（growth factor modelling）就是把现在的不同分区生成的交通量 T_i 与到预测时点的增长率 F_i 相乘，从而求得各分区的交通生成量 T_i'，即

$$T_i' = F_i \cdot T_i \tag{7-1}$$

这种方法的关键问题是如何确定 F_i，通常可以用表示各运输小区活动的指标的增长率作为生成交通量的增长率。例如：

$$F_i = \alpha_i \cdot \beta_i \tag{7-2}$$

式中：α_i、β_i 国分别表示人口增加率和每人平均拥有自行车数量的增长率，即

$$\alpha_i = \frac{\text{目标年度区域 } i \text{ 的推定人口}}{\text{基准年度区域 } i \text{ 的人口}} \tag{7-3}$$

$$\beta_i = \frac{\text{目标年度区域 } i \text{ 的每人平均拥有自行车推定台数}}{\text{基准年度区域 } i \text{ 的每人平均拥有自行车台数}} \tag{7-4}$$

增长率法的最大优点是可以处理用原单位法和函数法都难以解决的问题。当我们进行区域的生成交通量预测时，研究对象地区外的预测也是必要的。这种时候对于对象地区外的区域，通常只是需要处理此区域与对象区域之间的交通。此类问题通常采用增长率法，设定

$$F_j = R_j \cdot R \tag{7-5}$$

式中：F_j 为对象地区外运输小区的生成交通量的增长率；R_j 为对象地区外运输小区的常住人口的增长率；R 为对象地区内全体的常住人口的增长率。

2. 函数模型法

函数模型法是运输小区的生成交通量预测时最常用的方法。由于绝大部分研究时采用多元回归分析模型，故有时也直接被称为多元回归分析法（multiple regression analysis）。作为模型公式，多采用以下三个模型：

$$T_i = a_0 + \sum_k a_k x_{ik}$$

$$T_i = a_0 \prod_k a_k x_{ik} \tag{7-6}$$

$$T_i = a_0 + \exp \sum_k a_k x_{ik}$$

这里的 x_{ik} 大多是表示运输小区的活动的人口指标,如常住人口、各行业的就业人口等。众所周知,回归分析是为了求得对象区域的因变量和相关说明变量 x_{ik} 之间的关系。表示这一关系的关系式中的回归系数 $a_0, a_1, \cdots, a_k$ 通常用最小二乘法算出,然后可以根据目标年度的 x_{ik} 值来预测 T_i。

（二）交通分布

在交通的分布阶段,主要是预测交通生成量的来源和去向。在交通分布中最基本的概念是 OD 表。O 表示出发地(origin),D 表示目的地(destination),交通分布通常用一个二维矩阵表示。

所谓通量分布的预测,是指给定发生交通量 G_i,和吸引交通量 A_j,对于全部 OD 求 i、j 之间的分布的运输量上。对运输量分布预测的方法主要分为两大类,即增长率法和构造模型法。下面对构造模型法中的重力模型法(gravity model)进行阐述。

重力模型是模拟物理学中万有引力定律而开发出来的运输分布模型。此模型假定 i、j 间的分布运输量 t_{ij} 与起点 i 发生的运输量、终点 j 吸引的运输量成正比,与两点之间的距离成反比,即

$$t_{ij} = k \frac{G_i^a \cdot A_j^a}{R_{ij}^\gamma} \tag{7-7}$$

式中: G_i 为起点 i 发生的运输量; A_j 为终点 j 吸引的运输量; R_{ij} 为 i、j 之间的距离或一般花费用。

式(7-7)中, α、β、γ、k 为模型系数,在已知 t_{ij}、G_i、A_j、R_{ij} 的情况下,可用最小二乘法求得。具体地说,对上式两步求对数,则

$$\log t_{ij} = \log k + \alpha \log G_i + \beta \log A_j - \gamma \log R_{ij} \tag{7-8}$$

式(7-8)为线性函数,可用多元线性回归分析求各系数。如果假定求得的系数不随时间和地点变化的话,则通过回归分析求得重力模型,在给定发生运输量、吸引运输量和起讫点间距离的条件下,可以在任何时候和任何区域应用,用来预测该区域的 OD 分布运输量。

（三）方式选择

某种方式的选择取决于运输成本、运输时间等因素,选择中最重要的特征是成本和时间(包括换乘时间)。方式选择的模型很多,通常分为两大类:集计模型(aggregate model)和非集计模型(disaggregate model)。非集计模型也叫个人选择模型(individual choice model)或分散选择模型(discrete choice model)等。其中使用较多又比较成熟的是非集计模型中的 Logit 模型。Logit 模型的理论基础是数理统计理论与经济学理论,该模型中的许多参数必

须通过标准来完成。

多项 Logit 模型（multinomial logit model）的选择概率为

$$P_{in} = \frac{\exp(\lambda V_{in})}{\sum_j \exp(\lambda V_{in})} \tag{7-9}$$

此模型数学形式简洁，计算简单，物理意义也容易理解，再加上具有选择概率是在零与一之间的数值，各选择支的选择概率之和为1的合理性，很早以前就被作为概率模型使用。由于该模型的计算过程较为复杂，篇幅所限，这里不详细说明，但下面给出模型的推导过程。

五、四步规划模型的应用与局限

在应用四步规划模型时，要注意两个方面的问题：一是不能将所有的 OD 流都考虑进去；二是有些应该纳入进去而未被纳入的 OD 流要单独处理。在模型的应用过程中，通常把交通流分成两大类：一部分称为经过模型的交通流；另一部分称为未经模型的交通流。纳入模型中的交通流通常用矩阵表示，用观测值导出现状 OD 矩阵，通过推算求出预测 OD 矩阵。对一部分未经模型的交通流，按区段分别导出。简单的方法是，观测的交通流减去模型交通流就是未经模型的交通流，这意味着交通流矩阵外还要有许多其他的数据，如每一区段的总交通量，这些数据各运输管理部门都有。在每个区段上究竟有多少交通流量被模型化，这要做具体的研究，如所有的大宗货物运输要进入模型，城市间的旅客运输要进入模型，市郊短途运输不纳入模型，等等。在实践中要靠模型开发和应用专家在实际的应用过程中不断地总结。

传统四步规划模型是运输规划量化研究广泛采用的理论支撑，但随着交通的不断发展，其局限性也不断显现，目前已不能适应信息化、个性化的出行要求，难以适用于出行构造复杂的城市和精准化、动态预测的需求以及受到环境的约束。其局限性主要体现在如下几个方面：

（1）四步规划模型以大规模的出行数据建立模型和参数标定，对于区域性规划而言，OD 矩阵的实地调查是非常艰巨和繁重的。在实际应用中通常采用抽样调查的办法，并与发展政策、项目规划挂钩，这种方法通常称为非完全矩阵法。非完全矩阵法并未将全部的交通流分配到路网上，与完全的现场 OD 调查得到数据的会有一定的差别。

（2）传统的四步规划模型一般分别独立地为各个阶段建立模型，再在这些模型间反复迭代求得一个相容解。这样做一方面不能保证收敛性，另一方面工作量太大，消耗太多的计算时间。

（3）四步规划模型没有导入交通与土地利用之间相互作用的反馈过程，同时考虑环境、能源和交通需求之间的协调关系。

（4）四步规划模型作为一种静态规划方法，无法捕捉交通基础设施改善后引起的交通需求的全面变化,没有反映从供求两个方面解决交通问题的交通需求管理理念。

（5）目前四步规划模型对于客运交通量和货运交通量利用相同的模型进行预测,而且存在重客运轻货运的现象,这是不合理的,必须从偏重于关注客运交通向客运交通和货运交通综合的评价理念转变。

在经典四步规划模型基础上,针对其局限性,复杂的理论和模型改进正在蓬勃发展。例如动态 OD 反推理论利用动态 OD 矩阵反映交通需求,并根据动态交通分配模型（dynamic traffic assignment model）获得当前及未来各个时刻瞬时的交通流分布形态,从而可以分析交通阻塞于何时何处发生,并据此于实现路径诱导等相关功能。而一体化理论提出将四阶段模型组合在一个模型中,利用完全线性化算法（凸组合算法）、部分线性化算法（两阶段算法）和网络变换方法等求解,获得的解等价于各个均衡状态下的结果。

第二节　综合运输规划

综合运输,又称为一体化运输,是指各种运输方式以满足社会经济发展对客货运输的需求为目标,通过科学规划与协作运行实现资源消耗少、运输效率高、安全可靠的可持续发展的运输系统。综合运输一般涉及多种运输方式,因此与多式联运密不可分。

一、综合运输系统的发展

发展综合运输是交通运输演进到一定阶段的必然产物,20 世纪 90 年代以来,欧美等发达国家交通基础设施网络基本形成,运输结构趋于稳定,政府部门主要通过改革管理体制、立法、战略和规划等方式来推动综合交通运输发展。

20 世纪 80 年代后期以来,英国在 20 世纪 60 年代交通与土地利用研究的基础上,在伦敦、伯明翰、爱丁堡等二十余个城市倡导现代意义上的一体化运输（integrated transport）,从政策方面提出了"一体化""平衡"与"配套"等概念,并将交通一体化战略细化为基础设施、管理、价格与土地利用四个可操作层面的具体措施。

欧盟国家则更加重视通过规划引导综合运输体系的发展。为促进成员国间的交通联系,欧盟于 1996 年启动全欧交通网络计划（Trans-European Transport Networks，简称 TEN-T）,旨在协调公路、铁路、内河航道、机场、港口等管理系统,形成一体化的长途、高速运输网络。欧盟确定了三十项优先推进项目,包括公路、铁路以及多式联运项目等,这些项目投产后,将成为全欧交通网的骨架,减少 14% 的道路拥挤,成员国间的货运量将大幅攀升。

日本 1955 年提出"综合交通体系"概念。考虑到国土面积狭长、资源相对缺乏等国情条件,日本将运输业视为国家综合实力和竞争力的重要体现,2001 年完成了中央政府机构改组。新的国土交通省涵盖原建设省、国土厅、运输省、北海道开发厅的功能,管辖航空、海事、铁路、公路等部门,并担负国土资源利用、整治和国家建筑等工作。

地域广阔、产业结构以重工业为主的俄罗斯对于交通运输的依赖性更强,其"综合运输"概念的提出可以追溯到苏联时期,即 1955 年成立的"综合运输问题研究所",该所负责研究各种不同运输方式之间的分工与衔接等问题。改革后的俄罗斯联邦交通运输与通信部取代了原俄联邦交通部、俄联邦邮电和信息部及俄联邦运输部。

综合交通运输体系的形成与基本国情、经济发展阶段、社会结构背景等因素密切相关,还与市场机制的作用和效果密切相关。发展综合交通运输,不仅是交通问题,更是复杂的经济社会问题,因此,各国的发展模式、规模结构等均存在较大差异,很难找到一个标准范式直接用于我国。

我国二十世纪五十年代从苏联引入"综合运输"概念,强调政府统一对运输资源进行运量分配、运输线路安排、投资比重划分等。受运输生产力水平低、各种运输方式供给短缺及体制分割等因素影响,综合运输发展缓慢。进入二十一世纪以来,我国加大了综合交通运输体系建设步伐。综合交通运输体系规划要打造"三张网":一是构建高品质的快速交通网,也就是以高铁、高速公路、民航等为主体,构建品质高、运行速度快的骨干网络;二是强化高效率的普通干线网,也就是以普通高等级公路、普速铁路、内河航道等为主体,形成普通干线网络;三是拓展广覆盖的基础服务网,也就是以农村公路、支线铁路等为主体的服务网络。

近年来,国内外对综合运输的重要性的认识不断提高。考虑到城市交通运输的复杂性,综合运输的合理规划对城市的未来发展尤为重要。因此,我国多地纷纷提出城市综合交通发展规划,从多元化、功能化、专业化分工角度,全面加强区域、城际、市域和城市四张交通网络建设,加强"四张网"的有机衔接和功能互补,形成多层次、广覆盖、高标准的地方现代综合交通运输网络体系,打造不同服务对象和服务功能的多空间交通功能圈。

二、综合运输规划的实现步骤和方法

通常,综合运输规划包括五个主要步骤,即建立目标和任务、确定系统的各个组成部分、建立这些组成部分间相互作用的模型、分析和评价各种政策方案的全部参考数据以及建立进行工程项目决策的必要框架。

随着城市规模扩张、机动化交通工具数量增加以及资源、环境、安全等方面的制约,传统的以满足交通需求为目标的规划理念正逐步被提升交通系统整体效能、引导多模式交通协同发展的观念所替代。在此观念的引导下,人们在交通规划过程中更加注重与城市规划的互动一体,强调城市空间发展形态、土地利用、交通供需的模式匹配,以提高交通运行效率,有被动适应交通需求的增长向主动调节供需平衡转变。综合交通运输体系规划的构建正向着打造高水准的综合交通网络体系、打造高品质的公众出行服务体系、打造高效率的货运物流服务体系、打造高效能的交通运输治理体系四个方面推进。

在新的形势下,综合运输规划的组成部分已不局限于传统的道路交通系统规划、公共交通系统规划、停车系统规划、物流与货运交通规划、对外交通规划和交通管理与安全规划等，衔接交通规划、智能交通规划、交通安全与应急规划也不断被纳入规划的体系，以谋求城市和区域交通系统的健康、有序、和谐发展。

同时，在一般交通运输规划研究的基础上，综合运输规划的理论和模型也不断取得突破。例如，"3IES 结合理念"，围绕城市交通管理的基础、手段和目标，从交通理念、交通基础设施和整合、交通信息化与智能交通等方面论述交通管理的基础（即 3I），从交通教育、交通工程和交通执法等方面论述交通管理的手段（即 3E），从安全、便捷、可持续发展等方面论述交通管理的目标（即 3S），指出 3IES 结合是城市交通管理的重要理念。基于多用户、多准则随机用户均衡理论构造了综合运输条件下的交通方式分离模型，并以京沪运输通道的客运以市场为例，分析了当运输通道内的各种因素变化时，不同交通方式的客流变化情况。

在综合交通运输体系的规划中，综合交通枢纽的规划尤为重要，例如建立了解决货物多式联运枢纽地址的选择和优化的模型。开发了用于评估公铁多式联运枢纽位置的模型。在这个模型中考虑了四个参与者：枢纽的拥有者或运营者、运输基础网络的提供者、枢纽的使用者和公众。

此外，智能终端、大数据、云计算等新技术正引导着交通规划向智能化方向发展。通过智能终端技术实时收集车辆状态和道路环境信息，并基于云计算系统把上述海量数据的存储和分析处理工作集中于云端，开展数据管理、分析、挖掘以及展示应用等。当前这些技术在交通需求预测、交通网络态势评估预测以及交通规划决策支持等方面均有所应用。未来随着应用的不断深入，智能终端、大数据、云计算等将在交通规划领域发挥更重要的作用。

第三节　货物运输需求预测

运输需求预测包括对未来运输服务和设施需求的预测。精确预测运输需求是一项很困难的工作，原因在于经济运行的个体行为和内部作用所确定的运输需求具有不确定性。此外，运输系统的变化及采用新的运输技术也使出行行为和旅客、货物运输发生变化。由于运输需求预测是运输设施需求预测的基础，因此运输需求预测在整个运输规划过程中受到更多的关注。因为如果运输需求预测产生重大的误差则可能导致运输设施投资成本增大、效率下降。需求预测模型建模最常用的方法是确定各说明变量和交通流量间的关系，即建模时要确定主要的需求因素和客货运输的空间、时间变化特点之间的相互作用关系式。这些模型一旦得到了证明，即可以用于预测未来的状况。

一、运输需求的分析方法

货运需求分析有三种基本方法。第一种是微观经济分析法。在这种方法中，货运需求分析的基本决策单位是潜在的运输用户。用这种方法分析货运需求时,一般将运输企业视为企业生产或销售过程的投入物之一。企业为了生产自己的产品或服务,可能需要运进某些类型的货物,因此它本身变成运输的消费者。第二种是空间互动建模法。就性质而言,这是一种聚类或集合模型。根据此方法,超额的货物或短缺的货物分别位于空间的不同地点,然后假定从各种货物的超额供给的各个地点到需求过大的各个地点之间出现各种货流。第三种是宏观经济分析法。这种方法一般借助于投入产出模型法,用宏观经济分析法构造的货运需求模型可能是聚类需求函数。

二、货流的微观经济分析

以微观经济理论为基础的货运需求分析法的基本假定条件是货运需求分析的决策单位是从事某种经济活动的企业或个人。分析一个企业对货物运输的需求,首先要考虑该企业对货物本身的需求,然后根据这种需求导出运输需求函数。为此,需要考虑企业生产产品的过程即生产过程、生产水平的确定过程和销售过程。

(一)生产函数和成本函数

假如一个企业生产的各种产品可用一个产品向量 Z 来描述,生产所需的各种输入物质可用输入物向量 X 来说明,该企业采用的各种生产工序可用 Z 和 X 间的函数关系来表示,一般这些工序可用下面形式的一组函数表示:

$$P(Z,X) = 0 \tag{7-8-}$$

式中:P 代表生产函数。

具体生产工况的选择,一般假定是下面优化过程的产物,即在不同的输入物 X 的价格 W 给定下,该企业力求在此过程中找出生产成本最低的程序,即总生产成本 $C(Z, W)$ 在约束条件下取得最小值

$$\text{Min} C(Z,W) = WX \tag{7-11}$$

满足生产函数约束条件 $P(Z,X) = 0$。

该函数的最优解是给定产量 Z 的生产成本(由成本函数 $C(Z, W)$ 给出)和生产过程中每种投入物 X 的集合。

(二)运输需求函数

企业对运输的需求可根据它对不同输入物资的需求量导出。这可通过直接考虑成本函数,并且重新规定每种输入物资的单价(包括它的运输费用)来完成。在最简单的情况下,假定所运输的输入物资是 i,其运输费用已知且为定值,那么输入物资的单价为

$$W_i' = W_i + T_i \tag{7-12}$$

式中:T_i 为输入物资,的单位运输费用。

在此情况下,物资 i 的运输需求函数由下式给出:

$$V_i = \frac{\partial C\left(Z_i, W_i'\right)}{\partial T_i}$$ （7-13）

式中：V_i 为企业所需货物,的运输量。

式（7-13）不能对各类需求进行分析。在现实情况下，某一特定输入物资是否被运输的决策，大致同城市客运的情况一样，是一系列选择的结果。其中货物的运点、运输方式和运输批量是用以下方法确定的，即求该输入物资所需数量的总运输费用的最小值。把运输方式的选择引进这类模型，并用构造生产成本函数的方法构造了几组货物的聚类需求模型。成本函数具有下面的形式：

$$C = C\left(T_r, T_i, q_r, q_i, X, Z\right)$$ （7-14）

式中：T_r、T_i 分别是铁路和卡车的单位运输成本；q_r、q_i 分别为上述两种运输方式的货物特点和运输特点，这些特点包括平均运输距离和货物批量等；X 为输入物资（不包括运输），如资本和劳动力等；Z 为产出水平。

三、货物运输需求的空间互动模型与宏观经济模型

（一）货物运输需求的空间互动模型

货物空间互动模型是一种聚类模型。在这种模型中，两区之间的货物需求直接根据其间的某个经济变量导出。在其最常用的场合下，这种方法是以重力模型的形式来实现的。在重力模型中，两区之间的货流量和经济活动量的积函数成正比，与货物运输总成本的减函数成正比。除重力模型外，一些优化模型也属于此类。这些优化模型有两类，其主要区别是优化过程中所用的目标函数不同。

1. 重力模型

重力模型在货流分析中是最常用的模型。货运中的重力模型的基本结构与客运不同。最简单的重力模型是 Black 研究的重力模型，其中两区间的货物流量与两区间的起点区的超额供给总量和终点区需求缺口总量成正比，与运输成本的某个量成反比。Black 的重力模型的形式如下：

$$T_{ij}^k = \frac{S_i^k D_j^k F_{ij}^k}{\sum_i D_j^k F_{ij}^k}$$ （7-15）

式中：T_{ij}^k 为在 i 区生产并运到 j 区的货物 k 的总重量（吨）；S_j^k 为发自 i 区对货物 k 的总需求量；F_{ij}^k 为阻抗系数（等于 $1/d_{ij}^\lambda$，其中 d_{ij} 是 i 区和 j 区的欧氏距离，λ 是经验指数值，该值可能随所分析的货类而变）。

2. 优化模型

在货流需求分析中最简单的优化问题是传统的运输问题。在运输问题中，给出了一组起点和终点，起点表示超额供给的地点，而终点则表示需求过大的地点。同时还给出了各个起点和终点之间的单位运输成本，并假定其是常量，不受运量的影响。然后根据系统中总运

输成本最低的原则,导出起点和终点之间的货流量。运输问题推导货流的方法是线性规划,其模型如下:

设 S_i 是 i 点的超额供给量,D_j 是 j 点的需求过大量,C_{ij} 是 i 点和 j 点间单位货物的运输成本。用线性规划方程找出 i 点和 j 点间的货流量 X_{ij},并取运输总成本的最小值,有

$$\operatorname{Min} C = \sum_i \sum_j C_{ij} X_{ij} \tag{7-16}$$

满足约束方程:

$$\sum_j X_{ij} \leqslant S_i$$

$$\sum_j X_{ij} \leqslant D_j \tag{7-17}$$

对所有的 i,j　$X_{ij} \geqslant 0$

货流线性规划方法在运输规划中已得到广泛的应用,尤其在宏观货物一级的应用更为广泛。但是,由两大约束条件严重限制了它在运输需求分析中的应用。一个是必须假定单位运输成本是常量,这样就有可能采用比较简单的线性规划。实际上这个假设条件很不合理,可能使货流计算产生很大的偏差。单位货运成本可能出于种种原因而不同,运输企业常常向大批量货物的货主提供价格折扣,这个因素是不可忽略的。

(二)货物运输需求的宏观经济模型

应用宏观经济分析法解决运输需求预测问题时,经常把运输看作许多经济部门中的一个,它与其他经济部门交换物资和产品。宏观经济模型力求解决部门间的货物和服务的流动问题。在运输需求分析中所用的宏观经济建模法有两种。第一种是经济法。它使用联立方程将部门之间的需求和货流量联系起来。第二种是投入产出法。它根据部门间货物流动关系的一些简化的假设来建模。而这些假设条件使分析大大简化,并减少了数据需求量。因此,在运输需求分析中,投入产出模型的应用比经济联立方程组更为广泛。

将部门间物流列入投入产出矩阵方程的方法可归功于华西里·列昂惕夫(Wassily Leontief)。最初的投入产出模型的基本结构是将部门间的货物和服务流量记为 X_{ij}。其中 i 表示生产部门,j 表示消费部门。上述流量是以货币流量度量的,在某些特定条件下也用实物表示。任何经济部门的总产出由下式给出:

$$X_{i_{j \in E}} = \sum X_{ij} \tag{7-18}$$

式中:E 为构成国民经济各部门的集合。

假定一些经济部门的需求对国民经济中各生产部门内的物流是外生变量,且不受国民经济中各生产部门内部的物流影响,因而可以将这些部门区分开。可区分开的部门包括政府部门、向本地区外净输出部门、积累部门(投资),在某些情况下还包括家庭(消费)部门,全部这些部门的需求归并在一起成为最终需求。然后可对式(7-18)加以修正,即任何一部门 i 的总产出被看作该部门和国民经济中全部其他生产部门间物流的总和,且构成满足最

终需求所需的数量,但不包括国民经济中全部其他生产部门的需求量。修正后的公式为

$$a_{ij} = \frac{X_{ij}}{X_P} \tag{7-19}$$

式中：P 为国民经济中全部生产部门的集合；Y_i 为 i 部门产品的最终需求量；X_{ij} 为生产部门间的货物流量。

有可能通过一组简化的假设条件来改进投入产出分析法。

(1)每个部门生产一组同类产品,每类产品并且仅由一个部门生产。

(2)在一个部门内的全部企业采用十分相似的生产技术,这些技术完全可用一种技术来代表。

(3)生产产品的总供给和总需求间可达到平衡。

(4)各部门的生产技术变化不大,因此可以假定在短时期内不变。

此后,上述假定条件的某些条件得到简单,研究出更一般的投入产出模型。然后用上述假定条件和下面的方法继续对投入产出模型进行研究,即对每两个部门来说,技术系统可定义为在 i 部门生产单位产品直接消耗,部门的产品量。换言之,即有

$$a_{ij} = \frac{X_{ij}}{X_j} \tag{7-20}$$

式中：a_{ij} 也被称为直接消耗系数,因为它描述每个部门 j 对全部其他部门 i 的产品的直接消耗量。将式(7-19)和式(7-20)联立,得到下面的方程：

$$X_i = \sum a_{ij}X_j + Y_i, i \in P \tag{7-21}$$

上述方程也可用矩阵的记号表示为

$$X_i = \sum a_{ij}X_j + Y_i, i \in P \tag{7-22}$$

式中：Y 为最终需求向量；X 为产出向量；A 矩阵为 $\{a_{ij}\}$；I 为单位矩阵。

假设$(I-A)$矩阵是非奇异矩阵,则式(7-22)变换成能够根据给定(或预测)的最终需求预测产出的模型：

$$(I-A)^{-1}Y = X \tag{7-23}$$

式中：$(I-A)^{-1}$ 是$(I-A)$ 的逆阵,称为直接和间接消耗系数矩阵。该逆阵中的每一个元素,如 b_{ij} 将给出 i 部门满足 j 部门一单位最终需求所需生产的产品量。于是,在 i 和 j 相同时,b_{ij} 是直接消耗系数；在 i 和 j 不同时,如就是间接消耗系数。

四、货物运输需求预测实用方法

(一)三次指数平滑法

指数平滑法是根据历史资料的上期实际数和预测值,用指数加权法进行预测的一种方法,此法实质上是由加权移动平均法演变而来的。采用三次指数平滑法进行运输需求预测。其主要优点是适用所有实际问题和不需要特别大的信息量,并且能有效地解决货物性的运输需求预测问题。利用这个模型预测运输需求量,可以得到比较理想的结果。

1. 运输需求预测模型的建立

指数平滑法将反映历史变化的统计数据加以大致修匀平滑，以便分析变量的演变趋势。此法可以处理不规则数据，若数据点的分布呈线性趋势，用二次指数平滑法进行预测；若数据点的分布带有曲率，则用三次指数平滑法预测出的结果更为精确。通常而言，货物的运输需求的逐年数据并不严格呈线性分布的趋势，因而采用三次指数平滑法预测较为合理。指数平滑方法作为一种典型的时间序列预测方法，它认为数据的重要程度按时间的近远呈非线性递减，即：近期数据影响价值大，权数亦大；远期数据影响价值小，权数亦小。

设有 N 个数据 $Y_1, Y_2, \cdots, Y_N$ 为最近 N 年的运输需求量。取近 N 年的货物运输需求数据的加权平均值作为下一时期的货物运输需求量，即把参加计算的各年数据按时间的先后赋予不同的权数，且权数之和等于一。

令其权数按几何级数排列

$$\alpha_1 = \alpha, \quad \alpha_2 = \alpha r, \quad \cdots, \quad \alpha_n = \alpha r^{n-1}, \quad \cdots$$

且

$$S_t = \alpha Y_t + \alpha_2 Y_{t-1} + \alpha_3 Y_{t-2} + \cdots + \alpha_n Y_1 \tag{7-24}$$

所以

$$S_t^{[1]} = \alpha Y_t + \alpha r Y_{t-1} + \alpha r^2 Y_{t-2} + \cdots + \alpha r^{t-1} Y_1 \tag{7-25}$$

式中：$S_t^{[1]}$ 为第 t 周期的一次指数平滑值，其值就是 $t+1$ 年货物运输需求的预测值；Y_t 为第 t 周期的货物运输量；α 为平滑常数，$0 < \alpha < 1$；r 为公比，$r = 1 - \alpha < 1$，所以 $\lim\limits_{t \to \infty} \alpha r^{r-1} Y_0 = 0$。

整理得

$$S_t^{[1]} = \alpha Y_t + (1 - \alpha) S_{t-1}^{[1]} \tag{7-26}$$

$$S_t^{[1]} = S_{t-1}^{[1]} + \alpha \left(Y_t - S_{t-1}^{[1]} \right) \tag{7-27}$$

可见，指数平滑法预测的区间的货物运输需求值实际上等于最近几年的货物运输需求和原来估计值的不同比例之和。

为了使预测结果更加准确和可靠，应采用适用性广泛的三次指数平滑法。由式（7-26）可以得到三次指数平滑估计值公式：

$$S_i^{[3]} = \alpha S_i^{[2]} + (1 - \alpha) S_{t-1}^{[3]} \tag{7-28}$$

2. 货物运输需求初始值的估算

用三次指数平滑法进行预测时，必须首先估算初始值 $S_t^{[1]}$、$S_i^{[2]}$、$S_t^{[3]}$。若数据较多，开始值可以用货物运输的初始值 Y_1 代替。这是因为当数据点多时，开始值对预测的影响极小。若数据较少，则由于初始值有相当大的权利，因此需要采用一定的方法对初始值进行合理的估算。

（二）逐渐回归在货物运输需求预测中的应用

回归分析是研究各种变量相关关系的一种数学工具。一般说来，社会经济系统中的各种变量之间的关系多为不确定关系。交通运输中的交通量和国民经济增长和人口增长的关系就是属于不确定性关系，因此回归分析在这一个领域中运用极为广泛。

设共有 $n-1$ 个自变量 $X_1, X_2, \cdots, X_{n-1}$，并记因变量 $Y \equiv X$，对所有获得的 m 个样本 $(X_{a1}, X_{a2}, \cdots, X_{an})$，$\alpha = 1, 2, \cdots, m$，计算各变量的均值 X_j 及偏差平方和得算术根 σ_j。

由公式

$$Z_{aj} = \frac{X_{aj} - \overline{X_j}}{\sigma_j} (\alpha = 1, 2, \cdots, m; j = 1, 2, \cdots, n) \tag{7-29}$$

$$Z_{aj} = \frac{X_{aj} - \overline{X_j}}{\sigma_j} (\alpha = 1, 2, \cdots, m; j = 1, 2, \cdots, n) \tag{7-30}$$

令

$$Z_{aj} = \frac{X_{aj} - \overline{X_j}}{\sigma_j} (\alpha = 1, 2, \cdots, m; j = 1, 2, \cdots, n) \tag{7-31}$$

于是 Z_{aj} 对 α 的均值 $\overline{Z_j}$ 有

$$\overline{Z_j} = \frac{1}{m} \sum_{a=1}^{m} Z_{aj} = \frac{1}{m} \sum_{a=1}^{m} \frac{X_{aj} - \overline{X_j}}{\sigma_j} = \frac{1}{m} \cdot \frac{\sum_{a=1}^{m} \left(X_{aj} - \overline{X_j} \right)}{\sigma_j} = 0 \tag{7-32}$$

而

$$\sum_{a=1}^{m} \left(X_{aj} - \overline{X_j} \right)^2 = \sum_{a=1}^{m} Z_{aj} = 1 \tag{7-33}$$

第四节　城市交通优化

交通控制和管理本质上是在考虑现有交通设施基础的情况下，对交通系统进行优化。然而，交叉性是交通学科最显著的特点之一，交通工程与道路工程、汽车工程、运输（物流）工程、人因工程、电子工程、通信工程、安全工程和环境工程之间的交织越来越紧密，其界限越来越难以厘清，因此想要完全列举交通运输优化的方法是比较困难的。下面将从交通控制和交通管理两个方面介绍城市交通优化的内容和主流方法。

一、交通控制

交通控制是交通运行中必不可少的部分，关于交通控制的研究和应用已经覆盖了交通系统的各个方面，包括道路网络信号控制、行人与非机动车过街信号控制、公交信号优先控制、通道控制、交通控制与交通分配和车路协同下的交通控制。

道路网络信号对于城市交通路网中交叉路口运行的控制往往不是独立的，而是存在着一定关联性的，一个交叉路口交通信号的调整或改变往往会影响相邻交叉路口的运行情况。因此，如何以区域内所有交叉路口为控制对象达到区域整体最优已成为城市交通控制的新要求。道路网络信号控制的一般步骤是：①对控制区域划分。分析交叉路口之间的关联性，根据划分模型将控制区域划分为子区；②建立区域信号控制模型。区域协调控制模型是指描述区域交通性能指标（如延误、停车次数、绿波带宽、排队长度等）与信号控制参数（周期、绿信比、相位差、相位相序等）、交通状况（流量、离散性等）的数学模型；③建立区域信号控制系统。我国的控制系统研发起步较晚，较有代表性的系统为 HT-UTCS 和 Hicon 系统。其中，HT-UTCS 系统是由交通运输部、公安部与南京市合作自主研发的实时自适应系统，采用三级分布式控制（区域协调、线协调和单点控制），为方案形成 + 专家系统式自适应控制系统；④区域协调效果评价。在进行信号协调优化设计时，需从宏观角度评价方案，指引优化目标与方向，实现整体优化。目前评价指标包括延误、停车次数、通行能力、排队长度、行程时间、绿波带宽及拥堵指数等。评价方法主要分为模型计算与仿真分析两类。其中，模型计算是根据路网结构参数、信号配时方案和驶入交通流量，建立评价模型，对性能指标进行理论计算；仿真分析是采用微观仿真模型复现交通流的时空演化规律，获取单点、干线及区域的评价指标。

行人与非机动车过街信号控制包括：①定时配时设计。国内外学者分别从人车运行特性、人车干扰与相位关系及过街时间影响因素等角度分析了行人与非机动车信号相位设置方法，建立了配时优化模型，论述了行人信号优先与车辆间距检测等方式的实施；②行人与非机动车过街感应控制。现有的感应式行人过街信号控制分为基于机动车信息的感应控制和基于过街行人信息的感应控制两种；③行人与非机动车的二次过街控制。有关二次过街信号的研究主要针对相位配时和相位组合两方面。前者可直接利用一次过街配时法；对于后者，相关研究通常运用相位组合技术，构建了行人平均最长等待时间模型，建立了仿真分析与评价模型；④考虑人车冲突特性的混合交通流控制。

公交信号优先控制体系包括信息采集、行程时间预测和信号优化方法三大部分。其中最基础、最重要的部分是关于公交车行程时间的研究，多集中在公交线路、公交站点间行程时间的预测方面。根据预测方法，可分为时空分析方法、回归分析方法、人工神经网络方法和卡尔曼滤波方法。信号优化方式则有分布式、集网络式和分层控制三类。分布式控制首先需确定一系列信号转换规则，并赋予不同的权重，进而获得优先级别表，再根据车辆到达信息、优先级列表和逻辑判断，决定是否进入优化阶段；在优化阶段，采用滚动优化算法选择性能最好的方案。此外，也可以借助智能算法进行优化，如模糊理论、人工神经网络和强化学习等。集网络式控制可以通过实时计算排队长度优先干线绿波带，并采用有条件的优先方法优化方案，该方法能考虑乘客延误、排队长度、公交晚点及协调控制的延误。分层控制主要针对公交优先协调控制的宏观目标和微观目标不一致的问题。一个最为直观的分层控制包括两层：上层从整体上给出协调控制策略；下层为路口层，包含主动优先和自适应优先两种方法，每种方法均能调整协调控制参数。

通道控制的主要研究对象是高速公路。高速公路不仅是城市间的重要纽带，也是城市内跨区域交通的重要载体。高速公路交通控制的研究始于 20 世纪 50 年代，依据控制对象，可分为局部匝道控制、匝道协调控制、可变限速和通道集成控制等；依据控制方式，可分为定时控制、响应式控制、非线性优化控制和智能控制等。

交通控制与分配组合由三个基本部分构成：路径选择机制、网络加载模型和信号优化策略。交通分配模块通过用户路径选择机制和网络加载模型生成均衡流量模式；网络加载模型描述底层交通流运行；交通控制策略优化信号配时参数。交通分配和交通控制两个模块相互为对方提供数据输入。若信息对称，则通过迭代可达到一个均衡点；若信息不对称，假设管理者能预测出行者的响应行为，则可以实现系统最优。对该问题的研究大多数都基于博弈论，可以帮助管理者更好地理解和描述交通网络的管理者和出行者之间的交互关系。

最后介绍一下车路协调下的交通控制。车路协同技术通过智能车载单元与路侧单元的实时、高效的信息交互，为驾驶人提供辅助驾驶信息，并实现车路间的最佳协调，提高交通效率与安全性。其带来了数据采集方式的变革，能实时采集车辆的速度、位置和轨迹，甚至出行路径等信息，为交通控制系统提供更加完善的数据支撑。车路协同技术还可实现车辆与交通控制系统双向通信，控制手段将不局限于信号灯，而是能通过速度引导等方式直接作用于车辆，使交通控制实现从被动适应到主动引导的转变。相关的研究按研究内容可分为针对特殊车辆（警车、消防车、救护车等）的优先控制和针对常规小汽车的控制，按研究方法可分为仿真研究与实证研究。

二、交通管理

交通管理是从改善交通系统的基本要求出发，通过对交通系统基本特征和规律的理解和把握，调整并优化交通需求，充分利用交通供给（包括时间和空间资源），最大限度实现交通系统的基本目标。交通管理的基本出发点可概括为四个方面：①调整优化交通需求交通需求管理；②提高交通设施利用效率交通系统管理；③动态协调供需关系非常态交通管理及其他管理对策；④交通法规及通行环境保障交通执法与秩序管理。

交通需求管理是指通过交通政策、交通设施建设以及交通规划等的导向作用，引导交通参与者出行行为的合理改变，以减少机动车出行量，缓解或消除交通拥挤的管理方法。交通需求管理的提出使交通管理的发展发生了根本性转变，使交通管理的着眼点从"交通供应"转变为"管理需求"。交通需求管理的思路可以归纳为控制交通需求总量、管理小汽车使用、优化出行方式结构和调节交通需求时空分布等。

交通需求管理在中国起步相对较晚，进入 20 世纪 90 年代后，中国城市开始关注交通需求管理，以应对日益严重的城市拥堵问题。公交优先政策是近年来中国城市交通发展的主要方向,有效整合城市交通系统中的各种出行方式,保障公交优先通行,是交通需求管理的要点。随着信息技术的发展,GPS、手机、浮动车、RFID等多种数据采集方式为城市交通需求管理提供了丰富的数据基础,如何有效利用动态数据挖掘与分析方法,实时分析、预测未来交通发展趋势,进而合理引导交通需求的总量增长与时空分布,实现交通需求管理,是当前的研究热点。

交通系统管理着眼于解决交通管理中道路使用者、车辆、道路交通资源与交通管理控制措施之间的矛盾,对缓解城市交通问题发挥着重要作用。发达国家不断探索交通组织优化管理、特殊车道管理、优先通行管理和接入管理等因地制宜、多样化、动态化、智能化的交通系统管理模式;大量研究采用试验交通工程和仿真技术,量化评估和预测交通系统管理措施的影响与效果;在数字化、信息化、交通大数据的背景下,构建高度综合的交通系统管理平台,自动采集道路交通的实时数据并生成管理方案,以实现实时、精确、动态管理。而我国道路交通的机非混行特征明显,交通流复杂性较高,寻求适合中国国情的交通系统管理模式也是当前国内交通系统管理的研究热点。目前我国对交通系统管理的研究和实践主要涉及公交车专用道、动态车道(潮汐车道)等。

非常态环境下交通供给和交通需求会在短时间内剧烈波动,例如,在施工和自然灾害条件下,交通供给会在短时间内骤降,而在大型活动或者节假日期间,交通供给不变的情况下,交通需求短时间内会急剧增加。无论哪种情况,供给和需求的动态突变都会在短期内破坏交通供需的平衡状态,从而引发各类交通问题。从相关文献来看,非常态交通的管理主要集中于应急交通管理方面。发达国家的非常动态管理机制相对成熟。近年来,中国在借鉴发达国家管理经验并结合中国具体案例的基础上,加大了特殊事件交通管理体系研究的力度。这方面的研究发展趋势主要包括以下三个方面:①基于交通需求产生、分布、方式划分与交通量分配方法,建立适用于非常态事件下的交通需求预测与管理方法体系;②利用实时监测数据、历史统计数据、专家系统和信息资源库,建立基于智能交通技术的非常态交通信息监测、预报与管理平台;③借助紧急疏散模型和仿真模拟平台进行突发事件的交通行为分析和疏散效果模拟,用于指导交通管理办法的调整与实施。

交通行政执法管理是提高交通安全和效率的必要手段。近年来不少学者开始研究交通执法和秩序管理的措施及其影响。我国道路交通执法相关研究具有自身特色,研究内容多集中在交通行政执法体制改进以及限速管理、违法行为管理等具体措施的实施及合理性分析方面,研究方法以定性方法为主,可为交通管理的改善提供参考。

三、智能运输系统

ITS的核心就是利用现代信息技术对传统的运输系统和载运工具进行改造,从而形成智能化、网联化的新一代交通运输体系。近年来,随着物联网、大数据、"互联网+"等新兴技术和产业的大力推动,智能交通系统也有了长足发展。一方面,模式识别、网络通信、信息融合等极大地促进了交通信息采集、处理和传输的便捷性和有效性；另一方面，智能感知、路径规划、决策控制等人工智能领域的最新技术也广泛应用于载运工具之上，促使其朝着智能化、无人化的阶段的大步迈进。可以说，先进的交通信息服务、车路协同和智能车辆等是智能交通系统领域最重要的发展方向，正在引发智能交通技术和产业的大变革。

如今，数据已经成为宝贵的战略和竞争资源。在新的技术背景下，智能手机、公交 IC 卡、车辆 GPS、电子车牌和电子监控等设备的普及应用产生了交通大数据，为全样、实时、动态、精细地分析出行个体的生活模式以及出行行为（如交通方式利用、路径选择和换乘等）提供了可能，代表性的城市逐渐建立形成了城市人口动态出行行为特征提取和解析系统，为交通规划研究与方案制订提供越来越丰富的数据基础，特别是为交通需求预测和交通系统运行评估提供了更加多样化的数据来源。

第五节　物流运输优化

一、数学规划求解方法与应用实际

数学规划求解方法有许多种，这里主要介绍最优点搜索和线性规划求解两种方法，具体介绍如下。

（一）最优点搜索方法

简单地说，最优化问题就是在可行空间中找出一个点，使目标函数 $f(x)$ 达到最大值或最小值，即

$$f(x_0) = \max_{x \in \Omega} f(x) \tag{7-34}$$

对于连续可微函数，可用微分计算法求得最优值。但是在很多情况下很难以满足这种要求，则可以通过使用搜索方法求得最优值。

1. 穷举搜索

顾名思义，穷举搜索就是将自变量全部列举出来。如果自变量个数有限，则可计算出有限个点的函数值，比较之后取最优值。

而如果变量取值数目无限，就不可能计算出所有的值。可根据实际需要，确定分点间隔 h，等分搜索区间，在各分点上计算函数值。如果区间分得足够小，那么通过各分点的函数值可以看出函数的全部特征，从而找出最优值。穷举法总的计算次数为

$$N = \frac{1}{h} + 1 \tag{7-35}$$

2. 序贯搜索

穷举法是事先确定自变量的取值，然后计算对应的函数值。序贯搜索方法则不能事先确定自变量的取值，自变量的取值顺序取决于前几次计算的函数值。序贯搜索要求函数 $f(x)$ 在区间 $[a,b]$ 上呈单峰性质，即函数在 $[a,b]$ 上只有一个极值。

序贯搜索方法有很多种，如二分搜索等区间多点搜索、黄金分割搜索和 Fibonacci 搜索等。

（二）线性规划求解方法

1. 线性规划问题的数学表达式和单纯形法

线性规划问题一般可以表示成如下形式：

$$\min f(x) = \sum_{s=1}^{n} C_s X_s \tag{7-36}$$

$$\text{subject to: } \sum_{s=1}^{n} A_n X_s = Q_r \quad (r = 1, 2, \cdots, m) \forall \quad X_s \geqslant 0 \tag{7-37}$$

如果线性规划是求最大值问题，可取目标函数的负值，使之变成最小值问题。事实上，

$$\max f(x) = \sum C_s X_s \tag{7-38}$$

与目标

$$\min g(x) = -\sum C_s X_s \tag{7-39}$$

是完全一致的。

如果约束条件中含有不等式约束，则可以加入惰性变量，使之成为等式约束。例如对于约束条件：

$$\sum_{s=1}^{n_1} R_s X_s \leqslant Q_1 \text{ 或 } \sum_{s=1}^{n_2} R_s X_s \geqslant Q_2 \tag{7-40}$$

引进惰性变量 Y_1 和 Y_2，可以把约束条件变为

$$\sum_{x=1}^{n_1} R_s X_x + Y_1 = Q_1 \text{和} \sum_{s=1}^{n_2} R_x X_s - Y_2 = Q_2 \tag{7-41}$$

为了对线性规划问题求解，需要找出一组初始基向量。为此，引进 m 个人工变量 $X_{n+1}, X_{n+2}, \cdots, X_{n+m}$，则线性规划问题变为

$$\min f(x) = \sum_{s=1}^{n} C_s X_s + \sum_{s=n+1}^{n+m} M_s X_s \tag{7-42}$$

$$\text{subject to: } \sum_{s=1}^{n} A_n X_s + X_{n+r} = Q_r \quad (r = 1, 2, \cdots, m) = \forall \quad X_s \geqslant 0 \tag{7-43}$$

上式中的 M 是一个很大的正数，它是人工变量对应的价值系数，满足条件：

$$M \in \max\{C_r\} \tag{7-44}$$

由于人工变量对应的价值系数远比其他变量所对应的价值系数大，所以在求解过程中，人工变量最终取值都为零。

2. 单纯形法的求解步骤

对于线性规划问题的求解，单纯形法是一种有效的方法。然而，针对不同情况，单纯形法的求解过程也不尽相同。这里介绍一种常用的方法。

单纯形法的求解过程就是对单纯形表的变换过程，基本步骤如下。

（1）检查评审因子 $Z_s - C_s$，如果评审因子有正值，则选最大者所对应的列向量为入基向量，令其为 P_k，即第 k 列向量为入基向量。转步骤（2）。

如果所有的评审因子为负或为零，则停止变换，最优解为

$$X(r) = Q_r \quad (r = 1, 2, \cdots, m) \tag{7-45}$$

其他 $X_r = 0$。

其中：$Q_1, Q_2, \cdots, Q_m$ 是变换后的 P_0 向量的对应分量，$X(r)$ 为基向量 $P(r)$ 对应的变量。

（2）检查单纯形表的第 k 列，若无正值，则属解无界。如果有大于零的元素，则按最小比值法则确定出基向量，令其为 $P(t)$。最小比值法则就是选择 t，使

$$\frac{Q_i}{A_{tk}} = \min_{A_{rk} > 0} \left\{ \frac{Q_r}{A_{rk}} \right\} \tag{7-46}$$

（3）用对角顶点法对单纯形表进行变换，变换范围是从单纯形表的第 3 行第 3 列开始，一直到尾端。为书写方便，我们统一 Y_{rs} 表示表中的这些元素，下标编号为

$$s = 1, 2, \cdots, n + m + 1$$
$$r = 1, 2, \cdots, m + 1$$

二、商用车辆路径优化（SP、TSP、VRP、PDP 以及变形）概述

与案例应用

（一）SP 问题

最短路径问题（shortest path，SP）是运输路径计划优化中一类最基本的问题，其中常见的是带权图的最短路径问题，即求两个顶点间长度最短的路径。这里，路径长度不是指路径上边数的总和，而是指路径上各边的权值总和。路径长度的具体含义取决于边上权值所代表的意义。例如，交通网络中常常提出的如下问题就是带权图中求最短路径的问题：两地之间是否有路相通？在有多条通路的情况下，哪一条最短？其中，交通网络可以用带权图表示。图中顶点表示城镇，边表示两个城镇之间的道路，边上的权值可表示两城镇间的距离、交通费用或途中所需的时间等。

由于交通网络存在有向性，所以一般以有向网络表示交通网络。例如，设 A 城到 B 城有一条公路，A 城的海拔高于 B 城。若考虑到上坡和下坡的车速不同，则边〈A，B〉和边〈B，

〈A〉上表示行驶时间的权值也不同，即〈A，B〉和〈B，A〉应该是两条不同的边。习惯上称路径的开始顶点为源点（source），路径的最后一个顶点为终点（destination）。

最短路径不仅仅指一般地理意义上的距离最短，还可以引申到其他的度量，如时间、费用和线路容量等。但是，无论是距离最短、时间最快还是费用最低，它们的核心算法都是最短路径算法。经典的最短路径算法——Dijkstra算法是目前多数系统解决最短路径问题采用的理论基础，只是不同系统对Dijkstra算法采用了不同的实现方法。

（二）TSP、VRP与PDP问题

旅行商问题（traveling salesman problem，TSP）是运筹学、图论和组合优化中的著名问题。TSP不仅可以解决最优巡回路线等类TSP问题，在交通车辆巡回、学校教师课程计划安排、工厂装配线进度管理以及民航机组人员轮班等问题上也有着广泛的应用前景。

TSP问题一般可以描述如下：一个旅行者从出发地出发，经过所有要到达的城市后，返回到出发地。要求合理安排其旅行路线，使得总旅行距离（或旅行费用、旅行时间等）最短。

在处理现实生活中的具体问题时，可以对TSP附加一些限制性的条件，例如在模型中假设该旅行者的时间有限，进而添加相应的时间约束等，从而衍生出许多和TSP相关的问题。

车辆路线安排问题（vehicle routing problem，VRP）是对进行物流配送的车辆进行优化调度。该问题一般可以描述如下：对一系列装货点或（和）卸货点，组织适当合理的行车路线，使车辆有序地通过它们，在满足一定的约束条件（如货物需求量、发送量、交发货时间、车辆容量、数目限制、车辆行驶里程、时间限制等）下，达到一定的目标（如最短路程、最小费用、最短时间、最少车辆等）。

VRP问题于1959年首次提出，该问题一经提出，立即引起了运筹学、图论与网络分析、物流科学和计算机应用等学科专家和运输策略制定和管理者的极大关注，成为运筹学和优化科学研究的前沿和热点问题。众多科学家对VRP问题进行了大量的理论研究和实验设计，他们的不懈努力促进了该领域的巨大发展。目前，该问题已经不再是局限于原来的汽车运输问题，在水路和航空运输、工业管理、电网建设、通信工程以及计算机应用等领域也有相当广泛的应用。例如，在航空乘务员轮班安排、交通路线安排、生产系统的计划和控制等问题中。就利用VRP问题的算法思想编制了相关的应用软件，在实际的应用中取得了良好的经济效益和社会效益。

装卸货问题（pickup and delivery problem，PDP）是VRP问题在现实中的演化，与VRP不同的是，PDP不仅仅是在所要求的目的地完成一次访问（对于VRP问题来讲，这种访问就是进行一次送货或者取货服务，送货和取货任务不同时发生在同一点上），同时需要完成送货和取货两种作业任务。这样一来PDP问题较VRP更加复杂，对于车辆容量限制条件的考虑也更加难以确定。

如果考虑抵达地服务时窗（time window）的限制条件，那么上述的TSP、VRP、PDP问题又可以演化为TSP with time window constraint、VRP with time window constraint，PDP with time window constraint，即TSPTW、VRPTW、PDPTW系列问题。

（三）精确式算法及其应用的局限性

TSP、VRP、PDP 等一系列问题属于组合优化领域著名的 NP 难题。其求解方法一般相当复杂，通常的做法是应用相关技术将问题分解或者转化为一个或者多个已经研究过的基本问题（如旅行商问题、指派问题、运输问题、最短路问题、最大流问题、最小费用最大流问题、中国邮递员问题等），再使用相对比较成熟的基本理论和方法进行求解，以求得原运输车辆调度问题的最优解或满意解。

精确式算法一般运用线性规划（包括经过专门处理的分支定界法、割平面法和标号法）和非线性规划等数学规划技术，以便得到问题的最优解。在 VRP 问题研究的早期，主要是单源点（one point）（即配送中心、车场等）派车，研究如何用最短路线（或在最短时间内）对一定数量的需求点（即用户）进行车辆调度，因此主要运用精确算法求出问题的最优解。精确式算法一般有以下几种方法：分支定界法（branch and bound approach），割平面法（cutting planes approach），网络流算法（network flow approach），动态规划方法（dynamic programming approach）等。精确算法随着运输系统的复杂和调度目标的增加，其计算量呈指数递增，使得获取整个系统的精确最优解越来越困难，而用计算机求解决大型优化问题的时间和费用又太大，因此，此类优化方法和算法现在一般仅用于求解运输调度的局部优化问题。

（四）启发式算法

为了弥补精确优化方法的不足，可以运用一些经验法则来降低优化模型的数学精确程度，并通过模仿人的跟踪校正过程来求取运输系统的满意解。启发式算法又能同时满足详细描绘和求解问题的需要，较精确式算法更加实用。启发式算法中最具有代表性的就是由 Clarke 和 Wright 提出的节约法（saving method）。

如果已知发送车辆的吨位，并且每一辆车都可以满载，则研究的目标转化为使所有参加发送的车辆的总发送距离在满足约束条件的基础上最小。

在考虑配送计划时，首先假定在任何情况下，运输网络中的任意两点都有路径可以连通，并且都有最短路线。如果两点间的运输不畅通（例如由于桥梁、险路或交通故障阻塞了某一通道，或者在一段时间内对通过这一段路线的最高货运量有所限制等），则可以将这些情况转化为相应的约束条件列入方程组中，然后求解。

目前，根据该方法找到改进方法，西方的计算机软件公司开发了许多成功的车辆优化调度软件，在实际应用中获得了良好的经济效益。中国目前在这个方面的研究和应用也有一定的进步。

现在比较成熟的启发式算法很多，它们的区别主要在于求解过程的收敛速度和收敛程度的不同。一般可以把启发式算法分为以下四类。

1. 构造算法

根据一些规则，每一次将不在线路上的点依次增加到线路中去，直到所有的点都被安排进线路为止。该方法最早提出是用来解决旅行商人问题的，其求解速度比较快，也很灵活，但有时找到的解离最优解相差很远。

2. 两阶段算法

对构造算法进行改进,提出了两阶段算法。第一阶段得到一个可行解,第二阶段则对解进行调整。在保持解是可行的基础上,尽力向最优解接近,每一步都用于产生的新的可行解取代原来旧的可行解,使得目标函数值得到改进,一直进行到目标函数值再也得不到改进为止。该方法经常运用交换式优化技术,充分发挥人在求解问题过程中的主观能动性。

3. 不完全优化算法

精确算法中的决策原则在大规模的问题中导致计算量的指数增长,在不完全优化算法中,用启发式准则代替,可以有效缩小解的收缩空间。

4. 改进算法

从一个初始解开始,通过对当前的解进行反复的局部扰乱,以求得问题的满意解答。

目前,用并行计算机进行的并行算法、基于生物遗传原理的遗传算法、禁忌搜索算法(tabu search),神经网络理论等在求解 TSP、VRP、PDP 问题中也有一定的应用和发展,其中禁忌搜索算法应用较为广泛。

参 考 文 献

[1] 吴玥弢 . 运输经济学 [M]. 西安：西安交通大学出版社,2018.12.

[2] 黄铁苗,孙宝强 . 新节约经济学 [M]. 广州：广东高等教育出版社,2018.01.

[3] 王晓原,孙亮,刘丽萍 . 交通与运输类系列教材运筹学 [M]. 成都：西南交通大学出版社,2018.01.

[4] 李悦 . 产业经济学第 4 版 [M]. 沈阳：东北财经大学出版社,2018.07.

[5] 刘炳春 . 运输经济学 [M]. 北京：经济管理出版社,2019.06.

[6] 贾顺平 . 交通运输经济学 [M]. 北京：人民交通出版社,2019.01.

[7] 倪安宁 . 运输技术经济学 [M]. 北京：人民交通出版社,2020.05.

[8] (希)伊莱亚斯·卡拉基索斯,兰布罗斯·瓦纳维兹 . 宏观航运经济学 [M]. 上海：上海人民出版社,2020.

[9] 张莉莉,姚海波,熊爽 . 现代物流学 [M]. 北京：北京理工大学出版社,2020.01.

[10] 朱长征 . 国际陆港作用机理与布局规划理论研究 [M]. 北京：北京理工大学出版社,2020.04.

[11] 牟瑞芳 . 交通运输地理学 [M]. 成都：西南交通大学出版社,2020.08.

[12] 李存芳,李丹萍 . 管理运筹学 [M]. 北京：高等教育出版社,2020.01.

[13] 王玲芝,刘红侠 . 多元视角下的经济管理原理与实践探索 [M]. 北京：中国财政经济出版社,2020.10.

[14] 李文兴 . 高铁运输经济学 [M]. 北京：中国铁道出版社,2021.10.

[15] 荣朝和,林晓言,李红昌 . 运输经济学通论 [M]. 北京：经济科学出版社,2021.08.

[16] 赵衍才 . 简明应用运筹学 [M]. 武汉：华中科学技术大学出版社,2021.03.

[17] 朱灿 . 运筹学 [M]. 北京：人民交通出版社,2021.10.

[18] 李永生 . 运输经济学基础 [M]. 北京：机械工业出版社,2017.03.

[19] 赵文平,王安民,郑耀群 . 管理经济学 [M]. 西安：西安电子科技大学出版社,2017.09.

[20] 杭文 . 运输经济学 [M]. 南京：东南大学出版社,2016.11.

[21] 卢明银 . 运输经济学 [M]. 徐州：中国矿业大学出版社,2016.10.

[22] 陈林 . 航空运输环境经济学 [M]. 北京：中国民航出版社,2016.06.

[23] 肖序,王芸 . 交通运输企业成本会计学 [M]. 上海：立信会计出版社,2016.04.

[24] 乔治·威廉,斯万·巴拉顿 . 中国民航科学技术研究院,中国民航工程咨询公司译 . 边

远地区航空运输服务 [M]. 北京：中国民航出版社，2016.05.

[25] 范斐. 世界海洋运输格局时空演化 [M]. 武汉：中国地质大学出版社，2016.08.